通靈人之果報輪迴
Psychic Karma
江嘉葉——著

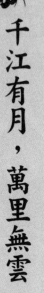

千江有月，萬里無雲

提筆卻不知如何下筆，著實讓我思索了好幾個月，才匆匆下筆，回想起來，其實這也是一種難得的經驗。自從數月前，接到嘉葉的電話，邀請我幫她寫序，這通電話使我頓生煩惱，檢視之下，才知道原來自己也是修行的門外漢，談不上功夫了，要如何才能寫出一段文字出來。

認識嘉葉，要回溯到十多年前，在傑人會的聚會上認識了她，當時還是年輕的少女，非常活潑，可是幾年不見，卻只見到行動不便的她，談話當中，盡是修行，或是有關菩薩旨意，很難令人相信，轉變得這麼快。原來是她是有著很特殊的因緣而走向修行之路，而且具有可以與靈界相通的超能力。雖然論語上有「子不語，怪、力、亂、神。」而且佛教也不談神通。但是事實上證明了嘉葉卻具有此異稟。只要是以正信的思維、正確的修行、走正派的路，相信一樣可以利益眾生的。

看了她最近要出版的《通靈人之果報輪迴》，內容寫她在平常生活中處理的經驗，以淺顯的文字，易讀易懂，希望藉著這本書的出版，讓讀者也能一目了然，知道修行宛如映月的江面，如果沒有平靜地猶如萬里無雲之心，又如何能夠反映出朗朗的皓月呢？

中華佛教居士會榮譽理事長

台北市國際傑人會創會會長黃書瑋。敬序

民國一〇二年六月十一日

修行以修心為首要

每個人從生下來的那一刻起，就開始往終點前進……而究竟有多少人能了解人生的目的，有人成就非凡，有人庸碌一生。

不管前者、後者，總會遇到一些困惑或是無解的難題，於是……誰來「指點迷津」？

宗教信仰是個人自由，全世界眾多的宗教，為數可觀的神明，每個人都可尋找自己的依歸。

台灣人對神明的虔誠可由全台廟宇的數量論定心裡事……不足為外人道，但可以告訴神明…

我個人與三太子結緣甚深，這麼長的時間也發生過許許多多不可思議之事，得到過提醒、指點，甚至還有過警告，點點滴滴在此不多贅述，但種種恩典永銘於心。

本書作者以親身與三太子互動情形，用活潑，甚至有些輕鬆的方式讓看書的人，由每一則事蹟中了解「可愛慈悲的三太子」，永遠守護著大家。

對三太子及眾神，我心存感激，但無所求，因我知道，人的命運好壞，吉凶禍福，都來自累世業力，善業和惡業的果報，會在今世或來世造就你的富貴貧賤，是好是壞，都是自己造成，非求神得來的，神明能指點你，但不能幫你承擔一切榮辱，修行人最應該做到修心，以及修正自己的行為舉止，此書《果報輪迴》，談到很多修行人必做的功課，也由歷史典故及野史記載，帶大家從趣味輕鬆的故事中得到省思和觀念，例如〈八風吹不動〉的蘇東坡，其實一屁打過江，〈莫把神明當奴才〉給予大家正確的拜神觀念，〈求子〉裡點出神明的慈悲，和祈求者應有的態度及誠心，全書由淺入深，簡單易懂，盼讀者能用心體會，在修行路上更進一步。

資深藝人　澎恰恰　民國一〇二年六月六日

作者序

非常榮幸能邀得兩位朋友為我寫序，他們都是大忙人。黃書瑋先生，身兼數職，除了是中華佛教居士會榮譽理事長、台北市國際傑人會創會會長，還是龍山寺副董事長，是一個真正的修行人，是值得尊敬的朋友，數年前就開始邀稿為我寫序，他卻一直客氣推託，這本書他肯為我寫序，大概是看我精進了吧！資深藝人澎恰恰與三太子一直都有很深的緣分，他對神明也非常恭敬，最可敬的是他那一顆柔軟和慈悲的心，與他深談，就能體會到他內心深處想娛樂大眾，帶給大家歡樂的心思，和時時刻刻警惕自己修身養性的志向，讓我打從心底尊敬。

修行是一條很艱辛、很孤獨的路，若有幸家人與你同修，可以互相鼓勵，若得不到家人的支持，必定得尋一二知友，互相勉勵，共同修行。不強求名利，不重物質享受，生活簡樸，或許是別人心中的傻子，但卻是天地間眾神明眼中的好弟子。

江嘉葉

目錄

第二篇 眾生案例

第三篇 儒道釋研討

目錄

第五篇 江老師部落格精選文章

#【前言】

鳳微閣自民國九十二年（癸未年）成立至今（癸巳年），已有十年，我從一個抗拒成為神明代言者到欣然接受，努力精進，樂於為眾神代言，服務眾生，過程伴隨著歡笑、淚水，一直孤獨寂寞努力做功課，受到神佛肯定讚賞獲得自信，而最大的快樂、榮耀，莫過於和眾神、眾仙子生活在一起。

和祂們聊天得到許多天上、凡間、陰間的知識，三太子天真活潑常和我玩在一起，不時帶給我歡笑；母娘、聖母、觀音菩薩對我經常指導，讓我的能力越來越強，回想當時初學時，觀音菩薩教法術，華佗師父教醫理，伯溫師父教命理，開啟了我為眾生服務的能力，母娘告訴我，自己努力多少，祂們就會給我多少，所以我一日都不敢懈怠，認真做功課、看經典，據仙子所說，人間的鳳微閣雖然規模很小，但在無形界，鳳微閣卻非常龐大，具有領導地位，祂們也常說，不信可以到任何一家正統大廟擲筊求證，問問看就知道了，許多好奇的鳳微閣弟子，也曾到不同廟宇擲筊，還真如仙子們所述。

天界、神界、陰界，還存在許多我不知的奧秘，我要更努力精進學習，才能得到母娘給我更多的資訊，當然還有很多神界、魔界的戰爭，我已窺見一二，但因太過於神奇不可思議，怕世人無法接受，才作罷沒多加寫出，將來時機成熟時，得母娘同意，會納入新著作中，這本書關於鳳微閣的傳奇內容不多，讀者可以參考我的其他著作《通靈人的通靈路》、《福報存摺》，詳述許多我學法術、命理、醫理的過程。

目前寫作的走向比較趨於理論性的修行路和求道的真理，希望藉由書中文章的分享，能提供給有緣者，從趣味性的神奇通靈故事，進入修行的世界。

第一篇

鳳微閣傳奇

【生死關頭走一回】

西元二〇一一年五月，流行性感冒在台北盛行，發燒、咳嗽聲彷彿是這座城市一曲變相的交響樂，刺激著人民的健康神經。身為菩薩代言者，我必須接觸的信眾很多，當時有些信眾亦患上流行性感冒，在與他們交流時總覺得有股感冒熱氣撲面而來，起初不以為意，但漸漸的，像是無形中跟上流行的步伐，開始咳嗽。我的支氣管從小就不好，但我很少咳嗽。當下我開始覺得身體不太舒服，即囑咐助理準備口罩，方便讓論命問事者戴上，保護彼此的健康衛生。由於我的工作太忙，對咳嗽也沒多加留心，大約一個禮拜後，發現身體越來越虛弱，不停的咳痰、發燒、氣喘，已無法專心為信眾服務，在沒有經過菩薩的同意下，我決定到醫院進行檢查。

回顧我的工作生涯，去醫院靜養或許是我可以徹底休息、不用工作好好放鬆的時間，日常生活中，我經常為迷惘的信眾指點迷津，讓他們的人生重拾自信，由於我的信眾常對我傾訴心酸雜陳，我免不了要消化許多負面情緒，醫院是最好的度假區，放空自己、發呆是我最大的享受，不用面對信眾，有大量時間放鬆，思考人生的種種意義和目標，對我來說何嘗不是「偷得浮生半日閒」呢？雖然有華佗師父為我健康把關，但我也順便藉由先進儀器檢查身體，天道人間，中西合併嘛！

住院的時候，醫生為我做各種檢查，包括照X光、抽血、腹部超音波及胸腔電腦斷層等，結果發現我肺部有陰影，醫生判斷為肺炎。當時我的白血球指數高達兩萬多，比正常人多出許多。醫生開始為我注射抗生素。注射抗生素約一個禮拜後，我的身體非常虛弱，白血球指數降至一千三百，依然偏高，且肺部的黑影依然存在。醫生再度為我體檢抽血，想當然爾，抽血對身體孱弱的人來說是個傷害。

某天，我呼吸時忽然感覺氣上不來，很喘很不舒服，護士趕緊為我檢查，我的心跳約130，血氧一直下降至低於正常人的水平（正常含氧量是95），這時護士非常緊張，看見我臉色蒼白，趕緊通知醫生，幾分鐘後，醫生幾乎用跑的過來，馬上拿起聽筒為我診斷，他看到我呼吸不順，吸不到氧氣非常緊張，急call護士馬上為我打類固醇，又為我戴上純氧，但指數依然未見起色。醫生、護士滿頭大汗的圍在我身邊為我做急救，但依然無效，眼看狀況越來越糟糕，我臉色越來越蒼白，幾乎吸不到空氣。

醫生看我命在旦夕，以顫抖的聲音說：「我真的沒辦法了，妳要趕快去加護病房，否則會很危險！」

在旁的家人一聽，非常擔心及緊張，以難過的口吻說：「醫生，你一定要救救她！」

醫生說：「放心，我現在立刻聯絡加護病房準備病床，馬上插管。」

插管？我怎麼可以插管呢？那會傷害我的聲帶，我以後如何為眾生服務呢？我喘著氣，拼命搖頭，虛弱地說：「我……我……我不要插管。」吸了一口氣後，辛苦地說：「我……寧可死……都不要插管！」我斷斷續續痛苦地說出這番話。

醫生說：「怎麼可以，妳還那麼年輕呢！不可以輕易放棄生命啊！」我痛苦地喘口氣說：「醫生謝謝你，但我絕不插管……」我勉強說完這句話，人幾乎快昏死，因為我幾乎快吸不到氧氣，在旁的醫生束手無策，直搖頭嘆氣，我的心裡在滴血、掉淚，心想：「我的人生真的就此結束了嗎？我還有很多工作要做呢！菩薩，您在哪裡啊？為何在我這麼需要您的時候，沒聽到您的聲音……」這時，忽然感覺有人輕輕敲打我的頭，接著聽到三太子哈哈一笑說：「嘉葉啊，別擔心，我們都在妳的身旁，有母娘、菩薩、華佗，還有很多仙子呢！」

我用心地感應，真的看到了我的周圍繞著眾仙子、母娘、華佗、菩薩，他們正忙著為我針灸、加持，接著聽到菩薩用慈悲溫柔的聲音告訴我：「嘉葉，放心，我們會幫妳治療的，妳只要放鬆心情，把一切交給我們。」

聽到菩薩的聲音，我更加堅決不到加護病房。醫生、護士們在勸說無效後，無奈的看著我，離去時似乎用同情的眼神跟我道別，認為這是他們看我的最後一眼。

醫生走後，我整個人放鬆，靜下來休息，忽然聞到陣陣的中藥香，原來三太子在忙著為我煎藥，過了一會兒祂們把藥為我灌下，輕輕地說：「嘉葉，妳安心休息吧！我們都會輪流照顧妳，到了晚上八點左右，妳會舒服很多，妳現在可要忍耐，要堅強，這是妳的病業，妳一定要承受，如果沒有消業，將來如何見到母娘、菩薩呢？」

我感動得點點頭，告訴自己，我一定要堅強，忍住痛苦，和病魔搏鬥，才對得起眾神為我的用心，就這樣漸漸地我感到呼吸順暢，人也較舒服，到了晚上八點左右，真的感到身體好很多，十點左右，已經像一般人一樣可以呼吸了，這時我再請護士來幫我量心跳及血氧，護士很驚訝地告訴我，一切都正常了，我立刻雙手合十，感謝母娘、感謝菩薩、感謝眾神。

第二天一大早，醫生就開始巡房，他用快速緊張的步伐進來，一看到我安安穩穩的坐在病床上對他微笑，醫生撫了一下胸口，安慰高興的說：「好加在，妳……。」他支支吾吾的說不下去。

我笑著接下去說：「好加在，我還活著是嗎？」

醫生難為情的笑笑：「是是是，我昨天晚上一整晚都在擔心，深怕醫院會緊急找我，告訴我……。」醫生欲言又止，搔搔頭，不知該如何說下去。

「我的死訊嗎？」我接下他不敢說的話。

醫生只能嘿嘿嘿的尷尬笑了幾聲，又問我昨晚情況如何，怎麼現在狀況看起來還不錯？說著，說著，就拿起聽筒在我身上仔細聽診，接著很放心的說：「真的還不錯，呼吸都很正常，心跳也很穩定，恭喜妳啊，妳的造化還不錯。」

「這可不是我的造化不錯，而是觀音菩薩和眾神明救我的，祂們幫我針灸、灌藥水，是祂們做的各種急救，才讓我度過生死關卡，救我的可不是你喔！」我打趣著對醫生說。

聽完我的話，醫生疑惑不解的看著我，以為我在開玩笑，只好尷尬的說：「那就好，那就好。」

過幾天我決定出院，醫生不同意的說：「妳的白血球數值還是很高，肺部黑影還存在，應該繼續留院觀察。」

我想到我還有很多工作要做，堅持要出院，而且我相信我有眾神的治療應該不會有問題，況且母娘也同意我出院，因此就辦了出院手續，兩個月後我回醫院檢查，白血球正常，肺部也很乾淨沒有黑影，醫生非常驚訝的問我：「這期間有做過什麼治療嗎？」

我笑著指著天，雙手合十說：「一切都是王母娘娘和觀音菩薩的治療。」

他又再度愣住喃喃自語的說：「神明真偉大！」

【鳳微閣搬進鬼屋】

民國九十九年，鳳微閣奉母娘之命搬遷，事實上，鳳微閣原本就位於很舒適方便、鬧中取靜的地方，但母娘的指示一定有祂的道理，所以鳳微閣弟子全都動員起來，半年內，幾乎翻遍了台北市的房子，到處找尋。鳳微閣需要的是一間適合擺放神尊、乾淨明亮的地點，每當搜尋到吻合條件的房子，就會稟告三太子，請三太子依地址查詢該屋是否可用，三太子認為適當後，則會有弟子到現場探勘屋內格局，若確認合適，最後就會由眾神和我一同前往實地做出此屋可用與否的決定，如此刪刪除除，真正可用的房子不到三間。

我記得未搬之前和弟子們到目前鳳微閣的地點時，已向三太子報告過地址，當時菩薩就說：「就是這間，這個房子是給神住的。」

此屋格局寬大方正，採光明亮，整體感覺相當不錯，不過就是感到陰氣沉沉，我問三太子：「這房子雖然光線明亮，舒適寬敞，但怎麼就覺得有股陰氣，聚而不散？」

三太子笑著說：「不只是陰氣沉重，而且還鬼影幢幢喔！」

我再定神一看，天啊，果真不看不知道，一看嚇一跳，我的身邊周圍都是好朋友，而且還真不少。

「這房子可以嗎？雖然整體來說確實不錯，但是滿屋的阿飄，真的可以入住嗎？」我擔心的問。

三太子似乎早就看穿我的心思，輕鬆的告訴我：「別擔心，處理鬼屋是我們的專長，有什麼好怕的，何況這個房子是母娘選定的，只要經過處理，祥瑞之氣隨之而來，各路阿飄自然退散，安啦！」

我心想既然是母娘決定的地方，那就遵照辦理，排好了日期，選定了時辰，鳳微閣正式入住新的地方，當天許多熱心的弟子前來幫忙，大家忙東忙西，熱熱鬧鬧，將所有擺設歸位，獻上豐盛菜餚迎接眾神到來，在聽完母娘的開示後，完成入座儀式，看起來似乎一切順利，不過故事才正要開始。

第二天下午，我開始整理一些雜物時，突然聽到浴室裡傳來吹風機的聲音，起初不以為意，可能是有人正在使用吧！並沒有放在心上，但是過了半小時，怎麼吹風機的聲音仍斷斷續續的傳來？於是請助理去查看一下，順便問問，是不是有人使用後忘記關上。

不久後助理告訴我：「老師，我進去浴室看，裡面沒人，吹風機好好的掛在架上，根本沒開，而且我還問過大家，沒有人用過吹風機。」就在助理說完時，浴室又傳來馬桶沖水的聲音。

我們兩人面面相覷，我知道有點不對勁，問助理：「浴室有人嗎？」

他很肯定的回答我：「大家都在外面，浴室裡沒有人。」

這位助理跟在我身邊多年，大大小小的事情都經歷過，看得也多了，相信他也查覺到事有蹊翹，很鎮定的告訴我：「老師，我再去查看一下。」之後的事情是助理告訴我的。

他再度走向浴室，不過門卻是關著，助裡敲了幾下門，裡面也回敲了幾聲，有人？浴室裡面有人？可是大家都在外面啊！助裡正在疑惑時，又傳出馬桶沖水的聲音，他好奇的問：「誰在裡面？」浴室裡卻異常安靜，沒有任何反應，他試著轉動門把，「喀嚓」，門並沒鎖，他很自然的走進去。

浴室的空間並不大，一眼就能看見全貌，只是覺得異常陰冷，他檢查了一下馬桶，發現沒有異常，正要回頭走出時，門卻突然「碰」的一聲關上，一股寒氣不自覺的從脊髓涼到頭頂，只見門的背面底邊貼滿了符咒，助理有些緊張的蹲下去看，大大小小，新舊都有，有些符咒已經因為濕氣而破爛，有些則非常新，似乎不是同一時間貼上，甚至可能是之前不同屋主所貼上的，這房子並不單純，過去一定有事情發生過！助裡想把這事情告訴我，正要站起來時，門上卻印出一個人影，非常清晰，而且距離很近，似乎就蹲在他身後。

「是誰？」助理有點害怕的問。

門上的影子應該是個男子，身材非常魁梧，沒有左手臂，右肩則異常突起，呈現一種非常不自然的姿勢，而且越來越靠近，幾乎已經要貼在助理的左耳。

浴室裡除了詭異的影子外，就剩助理極速狂飆的心跳聲。

「要回頭嗎？可以回頭嗎？回頭會看到什麼？」助理的思緒極亂，實在無法想像背後的到底是什麼，但總不能一直蹲下去，於是助理打出鳳微閣弟子的手印，默唸母娘所教的「咒語」，他決定一探究竟。

助理小心翼翼的慢慢的回頭，一邊祈求母娘保佑，心想：「鳳微閣在此地，眾神也都入住，還有誰敢搗亂。」這股信念讓他勇氣倍增，隨著漸漸回頭，背後的影像也越來越清楚，轉頭的剎那，什麼都沒有看到，背後哪來的男子，難道是自己嚇自己？眼花了？助理感到莫名其妙，這幾分鐘的時間像是過了幾小時，也就虛驚一場，助理起身要離去時，耳邊則清楚傳來「喀喀喀」的笑聲，那聲音有點尖銳，有些空靈，由大至小，由小至大，一聲接著一聲，不斷重複在耳邊盤旋。

這次他非常確定，絕對沒有聽錯，就像有人在耳邊發笑一樣，太近了，也太清晰了，助理忍住微抖的雙腿，不再理會，他已經知道是來自靈界的朋友，急忙走出浴室，把剛發生的事情告訴我。

我聽完助理的描述後，感到非常驚訝，同時我也看到他身上不斷冒著冷汗，驚魂未定的表情，沒想到才剛搬進來的第二天，馬上就發生怪事。

這時電話突然響起，外面的師兄把無線電話送進來，說對方要找我，助理的臉色又變了，來幫忙的師兄或許不清楚，但是我和助理都很明白，鳳微閣才剛搬進來，電信公司的人也還沒來得及接線，基本上電話是不會通的，怎麼會有人打得進來？我告訴他不要想那麼多，示意他開擴音，聽聽看對方要說什麼，起先話筒傳來的聲音雜亂無章，很像收音機訊號微弱的聲音，不久安靜了下來，取而代之的是「喀喀喀」的笑聲，一直不斷的持續，突然我看到門口一個黑影探著頭看向我們，應該是個男子，感覺好像在挑釁我們，故意現身讓我看到。

忽然間，三太子開口說話：「大膽！」隨即一道青光射向門口直衝那黑影，瞬間黑影消失不見，電話裡「喀喀喀」的聲音也立即停止。

「三太子，這到底是怎麼一回事？」我問。

三太子說：「這裡太多好兄弟了，其實我們來的時候，已經跟祂們溝通過了，全部收服歸順鳳微閣，大部分的好兄弟都很感恩，願意配合，不過就是有些比較頑劣的，想要挑戰我們。」

原來這間屋子一直是祂們的大本營，許多路過的好兄弟也都在此定居下來，或是常來這裡聚會，因此過往的屋主常常被嚇得搬走，就算租給房客，也住不久，造成這間房子沒有人氣，陰盛陽衰，好兄弟越聚越多，只要有人入住，祂們就會捉弄，其實沒什麼惡意，就是愛搗蛋而已。

助理問：「那剛剛我在浴室遇到的是？」

三太子笑說：「哦，那是一位卡車司機，因為車禍往生，所以你看到的祂影子身材魁梧，身體也因為車禍而有點變形。」

助理又問：「那為什麼我在浴室裡回頭的時候看不到祂？」

三太子睜大眼睛，看著助理說：「因為祂趴在你背上，所以不管你怎麼轉頭，都看不到祂啊！」

助理聽完後，又驚又恐，繼續問：「那怎麼辦？總不能放任祂們吧？以後沒事就趴在我背上捉弄我吧！那萬一我照鏡子時，不就嚇死了。」

三太子調皮的說：「所以以後就不要照鏡子，不然真的會嚇死你喔！」我請三太子不要開玩笑了，鳳微閣可真是搬進鬼屋了，眾神們有什麼決定，之後要怎麼處理。

三太子告訴我，母娘已經下令，對於願意歸順的好兄弟們，都會給予安排，可用者均依據興趣接受訓練，分派到花園、菜園、馬場、藥草園等各個不同地方替母娘做事，成為鳳微閣的一員，但是那些不服從，一直調皮搗蛋者，會被強硬驅離，絕對不可留下繼續搗亂，影響大家的工作，剛剛那位往生的司機，已經被華佗師父帶去煉藥房開導了。

我又問三太子：「那祂們以後還會跑進來嗎？」

三太子拍胸說：「放心啦，以後祂們的自由活動空間，就在這大樓的逃生梯到地下室間，今天晚上會跟祂們宣導，明天開始，也會派仙子們輪流把守在後陽台的逃生梯大門，嚴格管制祂們的進出，所以大家可以放心的工作。」

隔天三太子也開出「符令」貼於逃生梯大門，這張具有法力的符令，像是公告，也像是警告，讓好兄弟們可別以身試法，犯了母娘訂下的規矩。可是我又覺得奇怪，問三太子：「這些好兄弟不是已經被歸化了，為什麼還要用符令？」

三太子解釋：「畢竟祂們自由慣了，仍有野性，這樣做可以提醒祂們，而且現在門口也有年幼的仙子在輪流把守看門。」

一位看得到神仙的師兄知道這件事，覺得挺新鮮，跑到後陽台去看，果然有兩位年幼的仙子，不過怎麼依著牆壁，東倒西歪的。

他問：「祢們在打瞌睡嗎？」

兩位仙子一聽到，馬上揉揉眼睛，擦乾嘴角流出的口水，正經站起來，很快恢復有神的雙眼，雄赳赳氣昂昂的精神，對著助理行軍禮，師兄點點頭做為回應，心想現在小仙子們都把我當成長官了，開心得不得了，並囑咐小仙子們：「當班的時候可要打起精神喔！」說完轉身離去時，這才發現身後站著一位威武挺拔的大將軍，原來小仙子們是在對大將軍行禮，師兄有點不好意思的也向大將軍打聲招呼，趕忙低頭掩飾自己的尷尬，快步離去。

現在的鳳微閣，一切平安，正常運作，沒有阿飄胡鬧，回想當初母娘說的「這是給神住的地方」，果真一點也不假，如果沒有眾神坐鎮，恐怕這間屋子誰也住不下去，以後來鳳微閣的人千萬別害怕，如今已沒有好兄弟會跑出來搗亂，只有眾神和仙子、仙女，大家可以安心的參拜神佛。

【是真的，信不信由你】

自從我身為鳳微閣閣主，成為王母娘娘代言人，幫人通靈論命，就有許多仙子、仙女圍繞在身旁，和我生活在一起，我常常可以聽到祂們的聲音，與祂們聊天，看到祂們的影像和嬉戲時的歡樂，在我不舒服時，祂們會幫我淨化加持，為我熬華佗水、做藥丸讓我服用，甚至化成光點，進入我的身體，幫我檢查五臟六腑、血脈流動，祂們高興時，會唱歌跳舞，說笑話給我聽，沒有任務時，會陪我看電視，嬉戲玩耍，就像一般的小孩子一樣，天真無邪，有任務在身，則認真嚴肅，執行工作，宛然是個小大人，能和祂們相處在一起，是我這一生最大的幸福，也是我快樂的來源，和精神上最大的支持，許許多多有趣的經歷，想列舉一二，與各位分享，你或許認為很不可思議，很難置信，但它的的確確真實發生，信不信由你。

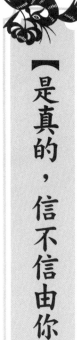

【忽大忽小，自由變化】

某天和三太子看電視時，看到最熱門的連續劇《西遊記》，裡面的孫悟空正在對抗妖怪，施展無邊法力，搏鬥之中，忽大忽小，好不神奇，看得三太子目不轉睛，不斷鼓掌叫好，這時我好奇的問：「三太子，孫悟空好厲害，祢能跟他一樣嗎？」

三太子很有自信的說：「這有什麼，當然會啊！」

只聽到咻的一聲，我看到三太子化身為一個大巨人，結實的肌肉，粗壯的線條，全身孔武有力，雄赳赳氣昂昂的看著我，頑皮的說：「我不敢變得太大，我怕把天花板撞破。」說著說著，三太子邁開步伐，大步走了起來，好像在巡視一樣，非常神氣走了一圈說：「怎麼樣，很有氣勢吧！」

我點點頭說：「真的不簡單，妖魔鬼怪看到都要讓路了。」

三太子笑著說：「還有呢！」

忽然又聽到咻的一聲，三太子突然不見了，我左看右看，不見其身影，怎麼消失了呢？正在疑惑時，聽到三太子大聲的說：「我在這兒呢！」

原來三太子縮小成食指大，站在我的腿上，果然如孫悟空一樣，忽大忽小，自由變化，祂把我的腿當遊樂場，一下小跑步，一下又溜滑梯，玩得不亦樂乎，我說：「我的太子爺啊，玩夠了嗎？現在我可真相信祢的能力了。」

這時三太子張大眼睛望著我，看了又看，我正好奇怎麼回事，祂突然化作一個光點，鑽進我的嘴巴裡，我嚇了一跳：「怎麼了三太子？」

只聽到三太子說：「不要擔心，我看妳喉頭的氣場不順，有些濁氣，應該有點小感冒了，讓我來幫妳清一清。」

果然不久後，感覺喉頭順暢許多，三太子今天展現神力，真是讓我大開眼界。

【天兵天將兩旁護駕】

我因為工作忙碌，加上身體狀況不佳，鮮少出門，大部分時間都待在道場做功課，寫文章，讀書精進，努力修行，和為眾生服務，某日因為一些事情必須出門，與助理搭小黃（計程車）前往，好久沒出去晃晃的我，聽著車上柔和的音樂，看著沿途藍天白雲的景色，心情頓時豁然開朗，這段時間為了工作勞心勞力，現在難得放空偷閒一下，這時三太子突然說道：「侍衛長，前面好像有兩個阿飄（鬼魂）在打鬧，快派衛兵去前面了解一下狀況，盡速排除障礙，不要擋駕。」

不久後，侍衛長回報，那兩個阿飄為了點小事在前面吵架，已命衛兵將祂們驅離，閣主可以安心前進。我心中一陣奇怪：「不是只有三太子陪我出來嗎？怎麼會有侍衛長？衛兵？」

三太子解釋：「難道妳不知道？妳身為鳳微閣閣主，只要妳一出門，就會有值班侍衛長帶著兩隊衛兵，一旁開路護駕。」

我有點不好意思的說：「只是出門一下，怎能勞煩天兵天將。」

三太子嘟著嘴說：「怎麼不能，妳是母娘在人間選定的人，當然不能出任何差錯，衛兵們可都戰戰兢兢，絲毫不敢怠慢。」

三太子接著說：「旁邊還有華佗師父騎著白馬，以及聖母坐著轎子飛在上面，祂們也都陪妳一起出來，順便觀察人間，妳沒看到嗎？」

我定了定神，仔細觀看，果然華佗師父和聖母都在，真如三太子所說，我驚訝的問：「這陣仗真大，有點不敢相信，好像大官有隨扈一樣，不知道多久前就開始這樣了？」

三太子告訴我：「自從妳成為鳳微閣閣主的那一天就開始了，因為妳領有令旨，對天庭來說，等於是派在人間當官，保護官員是天兵天將的職責，祂們自然隨妳出門，一旁保護。」

聽到這些，我感動得幾乎掉下淚來，不只覺得榮幸，也非常感激，原來這段時間，我一直被保護著，以後一定要更努力，不要辜負祂們對我的期待。

【螃蟹抓胃】

鳳微閣曾經有位弟子，肚子一直疼痛不舒服，跑遍許多中西醫皆查無病因，痛得厲害時，只能靠止痛藥，但醫師說止痛藥治標不治本，不能長期使用，受不了的他只好求助華佗師父，懇求幫忙治療。

我看到他時，已經臉色蒼白，全身冒汗，痛得按住胃部，直說又疼痛了，要先吃顆止痛藥，三太子問：「平常在家常常這樣嗎？」

他說：「是啊太子爺，經常這樣，痛得受不了。」

三太子說：「止痛藥真的不應該常吃。」

他有點站不穩的回答：「太子爺說得對，我也不想依靠止痛藥，可是每次痛起來，全身就虛脫無力。」

我告訴他：「先別說那麼多，趕快坐下，讓三太子看看。」

他搖搖晃晃的坐下，手還是一直按著胃，看得出來非常疼痛，三太子細細觀察，不時聽到祂與華佗師父討論的聲音，三太子很快說：「我看到一隻螃蟹在你的胃裡爬來爬去，不時抓出一道道傷痕，難怪會痛成這樣。」

他心慌的說：「那怎麼辦，三太子，祢可要幫幫我啊！」

三太子說：「別擔心，那是**冤親債主來討債了**，一定要趕快溝通，請祂快些離開，這樣你的病痛才能好起來。」

話未說完，他起身拖著沉重的步伐，急著要去上廁所，十五分鐘後，他依然痛苦的抱著肚子舉步維艱回來坐下，他說：「大便顏色又黑又深，可能是胃出血了。」

三太子告訴他：「你不要緊張，先躺好。」說著三太子開始幫他檢查並淨化身體，順便跟螃蟹溝通：「螃蟹啊，我們會幫你完成所求，化解你們之間的問題，但請祢先離開，不要在他的胃裡，否則他會出血而亡。」

緊接著看到三太子在他的胃裡，一把抓出一隻兇猛的朱紅色大螃蟹，頓時那弟子感到舒服一些，但是胃裡的傷口已經造成，仍然疼痛。

三太子說：「你忍耐一下，華佗師父已經開出藥方，現在幫你上藥。」三太子細心將手伸進他的胃裡，才擦一點上去，他就痛得哇哇大叫，我看著不忍心，幫忙安撫他，讓他多忍耐些。

最後三太子叮嚀他：「你現在躺好不要移動，藥膏已經上好了，這幾天要吃清淡些，好好休息。」於是他就在鳳微閣住了二天，這段時間，三太子24小時照顧他，幫他針灸、換藥、淨化身體，終於傷口好了很多，可以走路活動，體力漸漸恢復，他回家後，三太子依然過去幫他換藥，直到完全康復。

【馬雷蒙魂魄跪求菩薩】

多年前我成為王母娘娘代言人不久後，某天看到電視上由馬世莉主持，專講鬼故事的節目〈神出鬼沒〉談論馬雷蒙，馬雷蒙為「群星會」後期歌星，之後創立「馬雷蒙舞群」，專為電視台編排舞蹈，紅極一時。節目當天邀請到馬雷蒙的妻子陳君君，談論丈夫生前和往生後的事情，因為夫妻情深，馬嫂越講越傷心，數度落淚，心痛為何馬雷蒙走後都沒有回來看她，或是託夢給她，思念之情展現無遺，看得令人鼻酸。

三太子看著電視，突然說：「怎麼沒有，馬雷蒙一直在妳旁邊啊！」

我說：「三太子別亂說，別嚇我啊！」

三太子說：「才沒有亂說呢！馬雷蒙就站在馬嫂旁邊，一直深情脈脈的看著她。」

當時我才剛開始為眾生服務沒多久，許多經驗不足，更別說是靈異方面的事情了，我也和一般人一樣會感到恐懼，感到害怕，就想轉台，不願繼續看下去，三太子卻說：「不用轉台了，祂已經出來了。」

我驚訝問：「出來了？誰？」

三太子回答：「當然是馬雷蒙啊！祂已經在妳面前，正在求救了。」

我懷著恐懼不安的心情，定神往前一看，果真看到祂跪在面前，簡直不可思議，怎麼電視中看不到的靈體，會突然跳脫過來？

三太子老神在在的問：「馬先生，你有什麼事情嗎？」

只見馬雷蒙雙手合十，懇求的說：「我看到菩薩在這裡，我想求菩薩幫我超度，讓我能夠解脫。」

我說：「電視上馬嫂不是說已經幫祢辦過多場超度法會了嗎？」

馬雷蒙說：「我知道老婆很疼愛我，幫我做了好幾場法會，可是我仍然沒有得救，現在看到菩薩，懇請能大發慈悲，讓我解脫。」

三太子告訴祂：「我們很願意幫助你，可是必須由祢的家人出面處理，請祢找機會託夢跟他們溝通，讓他們能感應到祢的需要，知道嗎？」說著說著，三太子手一揮，馬雷蒙就消失了。

這短短的幾分鐘，讓我印象深刻，陰陽兩界實在有太多令人疑惑的事情，完全打破我們對時間、空間的概念，玄之又玄，難以解釋。

【美食從電視跑出來】

記得有次看美食節目，主持人正在介紹地方特色小吃，三太子看得津津有味，於是我說：「這個東西看起來好好吃，三太子，祢有吃過嗎？」

三太子目不轉睛盯著電視回答我：「沒有啊！」

我再問：「想不想吃呢？」

三太子說：「當然想啊！」

我告訴三太子：「改天買給祢吃，慰勞祢一下，這段時間辛苦了。」

三太子看著我說：「可是我現在想吃耶！」

「現在？現在時間太晚，可能買不到了，改天再買給祢好嗎？」我回答。

三太子搖搖頭說：「我可以從電視裡面拿出來吃。」

我瞪大眼睛：「祢可以從電視裡面拿出來吃？怎麼可能？」

三太子很有自信的告訴我：「只要妳同意，我就可以從電視裡面拿出來吃。」

我回答：「當然同意啊，只要祢真的可以，我怎麼會反對。」

三太子聽完我的話後非常高興，本以為祂要變魔術，使用障眼法，沒想到一剎那間，三太子居然真的將電視節目中的美食捧在手心，一模一樣的食物，香味陣陣，祂大口大口的吃起來，我看得目瞪口呆，面對匪夷所思的場景，只能說三太子實在太厲害，也太神奇了。

【雷公和電母】

某天下午休息時，晴朗的天空突然烏雲密佈，瞬間一片灰濛濛，不久下起豪雨，夾雜著閃電雷聲，轟隆隆的巨響不時傳來，看著窗外大雨氣勢磅礡，我感到非常驚訝，怎麼天氣變化如此之快。

三太子問我：「會害怕嗎？」

我說：「不會。」

三太子頑皮的說：「看到雨這麼大，我想雷公、電母應該在附近，我去找祂們玩。」

正在說話時，窗台突然迅速飛進兩個影子，三太子哈哈大笑：「正想找祢們呢！祢們就過來了。」

「是啊，我看到鳳微閣的旗幟和牌匾，就知道母娘在這裡，想過來參拜。」隨著話聲，我看兩個很小的人影，一個拿著鎚子，一個拿著鏡子，很像電視上傳奇故事中雷公和電母的法器。

三太子與祂們交談不久，就領著祂們去參拜母娘，由於雷公和電母有任務在身，所以我只跟祂們打了個招呼，祂們參拜完畢後即先行離去，貪玩的三太子也跟著去湊熱鬧。

後來我才了解，鳳微閣插有旗幟以及豎起牌匾，來往神仙均可看見，現在想起來，原來這是當時我領令時，玉皇大帝所賜的。

（請參考我的著作〈福報存摺—領令〉）

【消災解厄】

十年前遵從母娘的教導，我開始為人通靈論命，藉由三太子的神力，論命之神準，絕非一般世人的論命能力可比擬，未通靈前，我就已執業為人論命十餘年，但對於三太子的神準，無模稜兩可的肯定回答，很是佩服，然而論命只能斷出該人的吉凶禍福，無法幫他解決問題，排除災厄，總是一大遺憾，因此在眾人的懇求之下，母娘慈悲，答應為眾生消災解厄，才漸漸有了消災解厄法事，處理各種疑難雜症。

【開運點燈】

人的一生運勢起起伏伏，大災小災不斷發生，遇到不順遂、挫折時，總會想到請神明加持、保佑，來算命者，常會因事業、財運、感情、學業、功名不順、貴人不旺、桃花不明、小人欺身等等，求助菩薩，賜予光明，排除災厄，為此菩薩特允准每月舉辦開運法會，為人**點光明燈補運**，但是點燈必須經過擲筊，獲得菩薩同意，方可辦理，但是菩薩的加持是給予加分輔助，所謂天助自助者，本身仍須努力，才能達到所求，可別點了燈之後，把一切責任都丟給菩薩，**自己不努力，躺在床上等著天上掉下來的禮物**。

事業燈

小唐從事餐飲業，是一家美式餐廳的老闆，生意非常好，經營得有聲有色，常獲得雜誌媒體的報導與推薦，當時小唐意氣風發，非常得意，在充滿自信的情況下，開了第二間分店，起初生意尚可，原以為是過渡時期，豈知一年後，店內生意緩緩下滑，房租及人事費用，已經壓得小唐喘不過氣來，都在靠原店的收入苦苦支撐，心急如焚的小唐於是前來鳳微閣求助菩薩。

我原本勸小唐不如收掉分店，不要再做了，但是小唐告訴我，為了維持分店，已經借了不少錢，欠了一屁股的債，連本店都岌岌可危了，所以前來請求菩薩一定要幫他度過難關，不要讓一輩子的心血毀於一旦，小唐非常誠心的跪在菩薩面前說明一切，並懇求菩薩是否可以幫助他，經過擲筊後，獲得菩薩恩准可以點燈，囑咐他每月點四盞事業燈，持續一年，我也提醒小唐，這段時間仍要好好努力，維持店內的經營，慢慢就會有所改善，小唐拜謝菩薩恩典，答應一定會繼續努力。

起初半年，分店的生意依然慘淡，但是小唐沒忘記我的提醒，不管多苦還是沒有放棄，某天突然有家新聞節目前來採訪，並為小唐的美式餐廳做專題，在電視台不停重播，似乎奇蹟似的，自此小唐的分店開始人潮湧入，收入也急轉直上，反黑為紅，讓小唐笑得合不攏嘴，也感謝菩薩的神威。

安胎燈

怡婷是位高齡產婦，因為子宮虛弱的關係，過去流產過幾次，一直無法順利生下胎兒，這次好不容易懷孕，醫師卻告訴她，懷胎的這段時間要特別小心照顧，以免又再度流產，而且想要順利分娩需面對很高的風險，這些話聽在怡婷心裡很是擔憂，如果這次無法順利生下胎兒，以她的年紀，以後也不太可能再有機會，所以她非常珍惜肚子裡的孩子，於是前來鳳微閣求助菩薩。

當我看到怡婷時，也認為以她的年齡，實在不適合生產，三太子看了看她的身體狀況，表示不是很樂觀，子宮可能無法承受懷胎的壓力，流產的結果只是早晚而已，希望她能有心理準備，同時我開導她，如果沒有自己的小孩，也可以認養一個，國內有許多孤苦無依的兒童，非常需要社會的關愛，她可以發揮愛心，將自己的遺憾變成博愛，把溫暖傳遞到其他孩童身上，怡婷是個很善良的人，頻頻點頭，但她仍非常希望能有自己的小孩。

她不斷懇求菩薩大發慈悲，**又跪又拜**的懇求訴說自己多麼希望能有一個屬於自己的小孩，菩薩被她的誠心感動，也從塵鏡調了很多怡婷的資料（註一），清楚明白看到她過去做了不少善事，捐過很多款，幫助過很多人，所以恩准讓她點安胎燈，藉助神力來保住胎兒，能夠得到菩薩的幫助，讓怡婷像是吃了定心丸，安心許多，三太子交代她，雖然有菩薩的加持保佑，但還是要按期做產檢，遵照醫師的囑咐，也叮嚀她盡量躺在床上，好好保護肚子裡的胎兒，不要到處亂跑，多補充營養，並配合華佗水調理身體。

懷胎的這段時間，怡婷不敢有懈怠，一切遵照醫師囑咐及三太子的叮嚀，時間一點一滴的過去，肚子慢慢隆起，看著孩子不斷正常成長，怡婷很是欣慰，終於到了最後，怡婷產下一個小女娃，接生的醫生直呼不可思議，過程居然如此順利，孩子健康，母女平安，沒有任何波折，不久後怡婷帶著小女娃來感謝菩薩。

我看著小女娃在母親的懷中熟睡，聽著怡婷開心的說著孩子的眼睛像媽媽，笑起來的嘴巴像爸爸，喜悅洋溢在口語之間，掩飾不住幸福之情，怡婷和丈夫結婚二十多年，如今總算如願得子，能夠得到菩薩的恩典，除了有好好保護胎兒外，怡婷長期的行善積德，讓她累積不少福報，菩薩的慈悲可以度眾生，可以助眾生，但每個人也要記得心存善念，時時行善，所謂善有善報，需要時，菩薩就會伸手助你一把。

註一：每個人身上都有一部攝影機，一生的所作所為全被拍攝後都會記錄在塵鏡中，只要打開塵鏡，就能知道此人的一切。

【年度光明燈法會、中元超度法會】

鳳微閣每年都會遵照母娘的指示，舉辦年度光明燈法會及中元超度法會，這兩場法會是為一般大眾而辦，任何人都可以依據自己的需求自由參加，祈求運勢平順。

年度光明燈法會

在天運的運轉中，每年都會有兩個生肖犯太歲，一為坐太歲，一為沖太歲，此二生肖容易諸事不順，遇到許多挫折麻煩，因此會建議點**安太歲燈**，讓自己能夠平安順利，此外另有三個生肖會犯**白虎**、**天狗**、**病符**等關卡，白虎關易犯口舌是非，原本開開心心，卻因為一兩句話，演變成吵架爭執，惹上是非等無妄之災，天狗關則易沖犯陰氣、煞氣，造成自身磁場雜亂，影響原本的運勢，病符關就是健康關卡，特別容易感冒生病，讓原本健健康康的身體變得虛弱，因此只要走入這三個關卡的生肖，不得不多加注意，最好能報名點燈增加運勢，避過災厄。

除了特定生肖外，母娘也指示為普羅大眾消災祈福，特設元神燈、財神燈、姻緣燈、文昌燈、嬰靈燈、健康燈、人緣燈等，讓眾生依需求報名參加。

◎**元神燈**：增加自身氣場，元神光采，保平安，因此也可稱為平安燈。

◎**財神燈**：彌補財運的不足，並增加開拓財源的機會。

◎**姻緣燈**：祈求姻緣降臨，早日尋得另一半。

◎**文昌燈**：針對學生讀書運、升學、升遷、證照、高普考試等等的順利。

◎**嬰靈燈**：不分男女，均可報名，彌補自己的遺憾和照顧嬰靈。

◎**健康燈**：若有疾病或年老者，可點此燈，幫助健康加分。

◎**人緣燈**：增加職場、朋友間的人緣，讓自己的人際關係更上一層樓。

中元超度法會

每逢農曆七月，鬼門大開，許多孤魂野鬼到處出沒，等著陽世間的供養，各界在這段時間舉辦許多法會，鳳微閣依據母娘指示，也辦理中元超度法會，供眾生前來報名參加。

◎超度歷代祖先：慎終追遠是中國人的傳統，千萬不要忘了為自己的歷代祖先超度，這是孝道的表現，更是身為子孫應盡的責任。

◎超度累世冤親債主：每個人累世下來，都有許多冤親債主，過去我們曾經對不起祂們，做了某些事情傷害了祂們，因此要彌補自己的錯誤，為祂們超度。

◎超度親友往生者：身邊的親友若因病痛、意外離去，實在是件傷心難過的事，而往生者在另一個世界裡可能正承受痛苦，我們可以透過超度法會，給予祂們需要的供養。

◎超度嬰靈：嬰靈超度，不分男女，只要有墮胎或流產的情形，為父者及為母者，都應為自己的嬰靈超度，讓祂們早日投胎，不要阻礙事業、財運的發展。

◎超度無主孤魂：無主孤魂為無主的亡魂，即無人祭祀的往生者，眾生可發揮慈悲心，供養超度，也為自己累積福報。

年度光明燈法會和中元超度法會是母娘慈悲的恩典，沒有特別限制，與其他特別為某一件事而辦的法會不同，無需經過擲筊懇求，大家都可以參加，年度光明燈法會能得到神佛的庇佑，中元超度法會可為往生者盡一份心力，以後有機會大家可別錯過這兩件法會盛事。

【行善佈施】

許多來鳳微閣算命的人，都具有慈悲善心，希望可以行善佈施，幫助眾生。依照佛經，修行人一定要修**六波羅蜜**，其中之一就是佈施，佈施分為財佈施、法佈施、無畏施，財佈施必須是時時放在心中，長久去做的功課，能造福子孫，累積福報，所以大家都在問，該如何行善？母娘為此特別指示成立華玄功德會，包含**捐贈棺木**和**急難救助**等兩項主要業務，提供財佈施，以百元不嫌少，萬元不嫌多的宗旨，幫助貧困者，華玄功德會和一般慈善機構不同，會提供受助者的資料，讓捐助者可以知道受助者目前的困境，善款流向，所幫助的為何人，許多善心人士紛紛加入長期捐助，幫助不少清寒家庭度過難關，每月也將捐助者的名單稟告母娘，為所有捐助者祈福。

【線上問事】

幾年前，應很多海外人士的要求，母娘特允准採用網路線上問事，給予他們方便，透過網拍平台，開啟這項服務，果然經常接到中國、香港、新加坡、馬來西亞、紐澳、美國、英國、加拿大等不同國家人士的線上問事，因為三太子可以回答除了一般論命者的感情、事業、財運、婚姻之外，還可回答一些疑難雜症，如陰宅、陽宅、卡陰、健康、祖先、寵物、前世今生等等，當事者只要提供一張照片，和詳述事情的狀況，三太子即可很清楚的回答，對每個個案，我都很用心回答，在網拍平台的評價，獲得甚多好評，讓我感覺很欣慰，我也常會告訴中南部遠道而來的問事者說，來一趟路途遙遠，車費又貴，若非緊急或一定要現場面談，其實可以利用線上問事即可。

第二篇 眾生案例

#【往生父親的車子】

國維的父親在三年前往生，並在家裡安有祖先牌位，每逢初一、十五都會供奉食物、水果，擲筊跟父親聊聊天，從小他跟父親的感情就很密切，很談得來，有什麼心事、計畫或抉擇，都會跟父親商量，父親也常常給他建議、安慰或鼓勵，就像是汪洋中的一盞明燈，總能在國維迷失方向的時候給予引導，即使要面對種種困難，也能夠勇往直前，然而父親突然病逝，給他很大的打擊和不捨，所以現在的他，常會藉由擲筊與父親聊天，填補對父親的思念，另外他也一直很想知道父親往生後的日子過得好嗎？在那裡有沒有遇到什麼困難？自己又能為父親做些什麼？他的掛念終於在來到鳳微閣後得到答案。

藉由三太子的溝通得知，父親目前是自由身，已完成地府的審判過程，正在陰間辛苦的過日子，等待六道輪迴的投胎，聽到這裡，他強忍男兒淚，眼眶泛紅，淚水不停的打轉，很是不捨父親過得如此辛苦，不禁悲從中來，哽咽的問能幫父親什麼忙，但是父親卻很客氣的欲言又止，直說：「不用擔心，都還過得去，倒是國維你，爸爸不在了，你可要好好照顧自己。」聽到父親關心的話語，讓國維又是感動又是心酸，恨不得能再次擁抱父親，表達自己多麼不捨的心情。

看著父子間真情流露，三太子雖然也深受離別之苦的感染，但是卻很務實的從中勸說：「阿伯，你就不用客氣了，我看你衣衫襤褸，日子一定很辛苦，又沒有住處，就讓兒子給你一個房子吧！讓他安心，也讓你別在到處遊蕩了。」

阿伯客氣的點點頭說：「我真的是居無定所，如果能有一個房子讓我生活，確實會安定些。」

三太子繼續說：「好，除了房子，我看你也需要一部車子，和一個可以照顧你的女人。」阿伯害羞的點點頭。

三太子就對國維說：「爸爸生活不安定，健康也不是很好，他不好意思說出口，我可是看的很清楚喔，要知道過去爸爸在世時，為你勞心勞力，付出了多少心血培養你，把你拉拔到大，如今爸爸有困難，身為子女的你，是該報答的時候，我們就來為父親辦一場法事，把他需要的東西送給他，算是盡些孝道，回饋父親。」爸爸未置可否的點點頭，不再說話，表示三太子說到他的心坎裡。

國維也是非常願意，想著從小和父親一起生活的日子，往事一幕幕快速在腦海裡流轉，太多太多的回憶不斷浮現，小時候父親常會牽著他的手到處遊玩，闖了禍時，也是父親處理善後，長大進入職場遇到不順心的時候，還是父親在一旁開導，父親就像國維的支柱，一直默默在旁付出，不求回報，如今長大成熟，終於可以為父親做些什麼，國維自然願盡一切能力來幫助父親。

法會當天，國維帶了很多好吃的供品來祭拜父親，鳳微閣也準備了房子、車子、金銀財寶、家具、新娘等等物品和一桌酒席。時間一到，觀音菩薩降臨，法會遵照儀式開始進行，唸經、法術、咒語，以及透過嘉葉老師的各種手印，順利完成，法會結束後，國維的父親也透過江老師的轉達，聲聲囑咐國維：「記得一定要好好照顧自己，雖然爸爸已不在你身旁，但你已經長大成人了，很多事情都可以獨立自主，今天你幫助爸爸，爸爸非常非常感動，也很謝謝你。」

雖然父親說得很平淡，但是國維已難掩激動的心情，雙手緊握，強忍悲傷顫抖的說：「爸，你不要這麼說，這是我應該做的，你在那邊一定也要好好照顧自己，以後每年我都會請江老師辦場法會，提供你所需要的物品。」

這場法會，了卻了國維一件心事，不僅盡了孝道，也知道父親將會得到自己祭拜的供品，拜別了三太子和江老師後，欣慰的離去。

兩個星期後，國維再度來到鳳微閣，很緊張的告訴三太子：「三太子，前幾天農曆十五，我擲筊問父親法會所給他的東西，是否都有收到，新娘子是否滿意，結果父親說東西都有收到，就是車子沒收到，還有他對新娘似乎不太滿意呢！用擲筊無法問出一個結果，能不能拜託三太子告訴我原因。」

三太子聽完後，哈哈大笑：「別急，別急，車子沒有這麼快給他，必須再等十五天才能送給他。」

「為什麼呢？」國維好奇的問。

「哎呀，你不知道啦，送車子是最麻煩的事，我們用法術把紙紮的車子變成靈界的實體車，車型雖然是光鮮亮麗，但是它在靈界道路上根本無法開動，因為靈界車子的造型與人間是完全不一樣的，使用的燃料也不同，人間用的是石油，靈界用的是你們人間沒有的燃料，即使在人間，汽車的造型也會因為地區的不同，而有不同的設計，如美系汽車的駕駛座是在前座左方，歐系汽車駕駛座是在前座右方，所以我們必須做整個的改裝，還需要十五天的時間才能送給父親，我們總不能給他一部只能看不能用的車吧！」

靈界和我們人間確實有很大的差異性，即使在我們生活的空間中也是一樣，雖然都是交通工具，但在不同的國家、地域，也有其專屬適用的交通工具，就像在溪豁叢林間，一般的車子根本無法進入，必須特別的越野車，而在南極冰川，更要靠所謂的破冰船才能安全進入，國維聽完後恍然大悟的點點頭說：「我知道了！原來靈界所用的東西，跟我們人間所用的東西是有區別的，另外我也想再請問三太子，爸爸好像對新娘子不太滿意呀，那可怎麼辦？」

三太子說：「不要擔心，這個我來查查看，你稍等一會兒。」

接著三太子就嘰哩咕嚕的用仙語講了一堆話，似乎在與人對談，時而點頭，時而發笑，幾分鐘後，他轉頭對國維說：「哈哈！原來如此啊，母娘賜給他的女子，雖然長的漂亮，年輕又能幹，但是會管東管西，爸爸很不喜歡，他說他已經七十多歲了，新娘子不過才三十多歲，年齡相差太大，他不好意思帶出門，但是我告訴他，這個女子是母娘特別去挑的，因為爸爸身體不好，必須要有一個身強力壯的女子來照顧，如果母娘給爸爸一個年齡相仿的老婆，那麼還不知道是誰照顧誰呢！說不定反而給爸爸帶來負擔。」國維對此也深感同意。

三太子接著說：「另外爸爸的個性又較為軟弱，太過於隨和，很容易吃虧，需要一個能幹的女人來持家，在旁邊幫助爸爸，才能讓家裡不受外力欺負，最重要的是，她雖然能幹，也很賢慧，真是萬中挑出，再等半年，父親一定會笑嘻嘻的感謝母娘，了解母娘的用心良苦。」

果不其然，一個月後，國維打電話來開心的說：「老師，我昨天擲筊問爸爸，他說已經收到車子了，他非常高興，而且很好開，我代替父親謝謝母娘、三太子，還有江老師。」

再過了半年，國維又打電話來，興奮的說：「老師，真如三太子所說的，爸爸現在對新娘子非常滿意，又賢慧又能幹，而且很會照顧父親，非常體貼，真的很感謝母娘，感謝菩薩，感謝三太子，當然也要感謝老師，實在很慶幸有緣可以來到鳳微閣，以後我每年都會為父親辦場法會，提供所需物品，屆時還要麻煩鳳微閣諸位神佛的幫助了。」

【博士學位的奇蹟】

自從與鳳微閣結緣後，感覺冥冥中受鳳微閣母娘、菩薩及眾神佛、仙子們的庇佑照顧很多，有些事情是當下立即幫我排解，例如很多次疲勞開車逢凶化吉的經驗；有些事則是當下令我不解甚至誤解，日後事過境遷回顧過往，才明白母娘的用心良苦，**我的博士學位論文拖到最後期限關頭，有如神助般起死回生敗部復活的過程**，就是其中鮮明一例。

因為工作上的需要，必須系統性地研讀大陸法律，我於二〇〇二年報考大陸北京中國人民大學法學院碩士班，二〇〇五年完成碩士學位後繼續攻讀博士，因為還要兼顧工作、家計，只能利用假日以及每天工作下班回家後剩餘的些微電力做功課，以笨鳥慢飛的方式，一點一滴的累積學習的成果，但積累的學習成效總是比大陸的同班同學慢上好幾拍，同學們在〇八年或〇九年都已經完成論文畢業了，我的論文還在牛步爬格子中，甚至於不增反減，因為用電腦打論文時打瞌睡，手壓在鍵盤上把打好的論文都刪除了！自己都不得不懷疑博士學位論文是否寫得完？而且不是寫完就好，還必須通過好幾關的檢測及考試。而要通過這些檢測及考試之前，卻是我自己必須先突破自己有限的時間、體能與精神的極限，克服自己腰痠背痛不耐久坐打字的毛病，克服忙碌工作用腦過度之際如何瞬間切換思續的心理障礙，也因此，隨著學校規定最長六年學習期限逐漸迫近，好幾次幾乎已經決定放棄了！但是我一直記得鳳微閣江老師不只一次對我說（應該說是三太子說的）：「**你論文沒問題的，母娘會幫你的！**」雖然有一點半信半疑，但也就一直藉此勉勵自己，以意志力支撐自己堅持下去。

就在最長學習期限將屆滿前的二〇一一年三月間，上網送交論文檔進行電子檢測並且報名參加答辯的最後期限前，我終於寫完近十五萬字的博士學位論文，心裡想終於大功告成及時趕上，阿彌陀佛！趕緊將論文先發給博導過目一下。至於論文內容，雖然我自己不是很滿意，但覺得應該還過得去，而且已經拖到最後期限了，博導或學院辦公室老師應該也會酌情通融吧！且就算再有什麼有形、無形障礙問題，母娘也會幫我處理擺平，我心裡是這麼想著！豈料，事情發展就偏偏是事與願違，我打電話給博導詢問看過論文後意見如何，是不是可以交論文報名答辯了，博導斬釘截鐵很肯定地告訴我，這一篇論文這樣還不達標準，就算他讓我過了，也過不了其他老師的評審，博導要我換個題目，寫我專精擅長的領域，等九月再報名吧！博導的話如雷貫頂直劈而下，我當下傻了、愣了，六年努力與堅持最終竟然是白忙一場，頓時萬念俱灰、心如止水，江老師及母娘說過的話此刻也成了最大的諷刺與打擊，連信仰都動搖了！

回過神來，痛定思痛，想到背負著眾親友、同事的期待，我不能就此卸甲投降，我要再奮力一搏爭取任何可能的最後機會。於是，我先去法學院辦公室詢問可否再申請延長學習年限，答案是必須博導同意，再經院長特批，延長期限也只有半年，「半年!?」絕地逢生、反敗為勝的最後一絲希望，已不容我爭論時間夠不夠的問題，趕緊填寫延長學習年限申請表，同時重新擬定論文題目、重寫開題報告，也重新起草論文大綱，沒想到從此刻開始有如神助般，在一天之內搞定上述三樣文件給博導簽准，博導也初步認同這新的論文題目與內容結構優於前一篇，也提點、補充了一些意見。博導簽准之後，接下來學院准不准破例同意六年半的延長學習申請，是老師們及老天爺決定的事；而我能做的事，就是急起直追重寫論文，務必在六個月之內完成一篇可以通過校內外法學權威教授們評審標準的博士學位論文，但自己都不免要懷疑自己——「可能嗎？」

不知道是人被逼急時的潛能反應，還是冥冥之中真有神助，我整個人好像突然頓悟開竅了，論文寫來文思泉湧、得心應手，也有國內外諸多好友、貴人相助提供國際法律比較資料，讓論文內容更充實有料，每天下班趕回家寫論文，一天只睡四小時，論文火速進展。最終結果，我趕在九月前完成了近二十五萬字的論文，通過了博導的評審，上網遞交論文電子檔通過了電子檢測（檢測有無抄襲），通過了校外教授的匿名審查，最後通過了六位校內外教授的口試答辯，而且給予高度的評價，取得法學博士學位，感覺好像從地獄復活榮登天堂！而這一切的過程只是六個月內發生的事，我自己都覺得不可思議，是奇蹟？還是神蹟？

事後回想起來，博導是對的，母娘也是對的，原來的論文是我自找麻煩，想找一個有挑戰性的題目來寫，結果就是眼高手低，**不但寫作過程進展遲緩，而且內容鬆散缺乏邏輯連貫**，如果當時完稿的論文勉強讓我通過，充其量不過就只是一篇礙於人情勉強過關的報告，連我自己都會覺得羞於示人添為博士。而重新立題撰寫的論文，套用口試教授們的評語，兼具學術理論基礎與社會實踐需求，同時反映出學理與實務的弊端與缺失，並且能具體提出改善方法建議，是社會科學研究的佳作，也給這個國際代工合同領域的研究起了開路帶頭作用！總之，是完成了一部值得留給他人研究，藉以導正代工製造業界陋習造福社會的著作，而母娘知道我可以做得到，才會如此這般「老神在在」地安排這一切化不可能為可能、不可思議的轉折變化！可是當下我不解母娘的用心良苦，還錯怪母娘說話不算話，現在才知道我錯怪母娘了，**也驚覺原來母娘對弟子寫博士學位論文也這麼嚴格要求，母娘可以當博導了！**

希望藉由這篇回憶檢討過往的文章，向鳳微閣的王母娘娘賠不是，請恕弟子愚昧無知！同時也要藉此向鳳微閣的母娘及江老師致上十二萬分的謝意與敬意！並預祝鳳微閣母娘、菩薩及眾神佛、仙子們以及江老師，中秋節快樂！

弟子　林家亨

西元二〇一二年九月二十三日

家亨是鳳微閣弟子，凡是弟子，不論是在生活起居、事業財富、家庭感情、行為態度，都會受到母娘的特別注意、照顧和關照，若有不順或麻煩之事，母娘均瞭若指掌，祂會派仙子、仙女巡視、加持，主動順手的幫忙化解。

家亨因工作忙碌，學校又遠在北京，分身乏術下，論文一直無法完成，罣礙在心深怕萬一沒過，不能取得博士學位，他曾問過我是否可以取得博士學位，因為一直沒有完成論文，三太子說：「論文沒問題，母娘會幫你的。」這是母娘的承諾，但家亨一時大意，以為有母娘當靠山，就忽略了自己必須努力去完成，母娘一切看在眼裡，想要給他一點警惕，因此他在第一次送論文時沒有通過，雖然這扇門被關閉了，但慈悲愛眾弟子的母娘還是**給他開了另一扇門**，安排了一個不可能的奇蹟，學校同意延長半年學習年限讓家亨有機會重新寫論文，未通過論文對他是很大的打擊，因此他痛定思痛，努力重寫論文，此時母娘見他發奮努力，很是欣慰，就大力助他，順利完成博士論文，因為要在短短半年完成二十五萬字的論文，若無神助，一般人難以做到。

菩薩不是萬靈丹，天助自助者，神明是幫助正派努力者，不會幫忙把一切責任都推給神佛者，你努力多少，神佛就會給你多少，家亨是母娘疼愛的弟子，因為他對神佛的恭敬，讓人看了也感動，只要人在台北沒有出差，一定準時參加鳳微閣弟子同修會，並準備很多供品參拜神佛，讓神佛非常欣慰他的孝心，每逢鳳微閣需要弟子服務，他都熱心無私參與，這也是眾神佛非常樂意庇佑他的重要因素，雖然母娘沒有讓他第一次的論文順利通過，但由此事件，家亨應能理解到母娘鞭策他的用心良苦。

【斬桃花2】

鳳微閣過去為人處理過許多事情，而桃花、外遇這方面感情的問題也常常碰到，我的著作《通靈人的通靈路》中曾經提過斬桃花的案例，這裡也與大家分享另外一個鳳微閣曾經處理斬桃花的故事，故名為〈斬桃花2〉。

那天來了一位特別的客人，名叫阿宏，五十多歲，是位中階主管，穿著整齊，戴副眼鏡，感覺忠厚老實，一進鳳微閣，非常虔誠的對母娘行三跪九拜之禮，口中唸唸有詞，似乎心中有相當多的心事及困惑，不斷的懇求母娘，希望能獲得幫助，之後在助理的引導下，阿宏來到我面前，我很客氣的跟他打招呼，請他入座，豈知阿宏見到我，直接跪倒在地，對我拜了又拜，行起大禮，並大聲說道：「老師，請您一定要幫幫我，請您一定要救救我！」

我跟助理一時反應不過來，究竟發生了什麼大事？回過神後，趕忙請阿宏起來，有什麼事情可以慢慢說，不用行此大禮。

阿宏仍跪地不起，激動的說：「老師，拜託您，一定要幫幫我！」

我告訴阿宏：「千萬別這樣，我是人，不是神，這樣的大禮我受不起，快快請起。」助理見狀也趕忙請阿宏就座，並給了他一點時間恢復平靜。

我慢慢的問阿宏：「發生了什麼事情，慢慢告訴我。」

阿宏深深吸了一口氣，停了一下後告訴我：「老師，我老婆好像外遇了，能幫我查查嗎？這是不是真的？」

原來阿宏與妻子結婚二十多年，夫妻感情一直融洽，彼此相知相惜，走過許多大大小小的困難，也度過許多的甜甜蜜蜜，在外人眼裡，是很羨慕的一對，大家都覺得他們會白頭到老，怎知前一陣子，老婆開始拒絕與他同房，講話時也帶著冷漠，兩人漸行漸遠，常常話不投機，這讓阿宏非常難過，卻也讓阿宏開始觀察老婆的行為，終於發現了蹊蹺。

我問阿宏：「你發現了什麼不對勁的地方？」

阿宏苦著臉說：「去年我老婆參加的一個社團，在台中，應該是從那時候開始，她就開始改變了。」

「台中？你不是住台北嗎？這麼遠的距離，她是自己一個人過去，還是有人接送？」我驚訝的問。

阿宏回答：「每次來回都是我接送的，我會在附近等她活動結束。」

我繼續問：「要等很久嗎？」

阿宏告訴我：「大約7至8小時。」

我心想，阿宏果然深愛著老婆，這麼遠距離的來回接送，又要在那邊枯等近整天的時間，實在很難想像，我也問阿宏，既然都到台中了，為什麼不和老婆一起參加社團活動？他只是告訴我，他對該社團的活動並不感興趣，但也不反對老婆參加，只要老婆高興就好，可是沒想到卻換回老婆的冷漠，老婆是不是真的有外遇？說著說著，他拿出老婆的照片給我看。

我看了看後說：「阿宏，我也不避諱，直接了當的告訴你，她這段時間確實犯桃花，而且有出軌的跡象。」

阿宏聽了難掩悲傷：「老師，我想我知道是哪個人了，能不能告訴我是不是他？」

我問：「有那人的照片嗎？」

阿宏遲疑了一下：「我有一張他們活動時的大合照，不過不是很清楚，但是我知道他的名字，不知道這樣可不可以？」

這時三太子說：「沒關係，把名字和社團地址寫下，照片也拿出來看看，我來幫你查。」

阿宏把那人的名字及社團地址緩緩寫下，從寫字的過程中可以發現阿宏心中充滿著悲憤和懊惱，自己的體貼，卻換來老婆的背叛，千里迢迢的接送，居然促成一場家變，這要阿宏情何以堪？

我看出阿宏心中的難受，開導他說：「其實你不要那麼難過，命運總是會有安排，老婆犯桃花也是一個劫數，這是上天考驗你們的感情，既然來到鳳微閣，就會盡力幫助你，如果你不想失去她，就一定要度過這一關。」

阿宏聽完後默默點頭，並把照片及寫好的資料給我。

三太子看了看照片，又看了看那人的名字，查了一下，斬釘截鐵的說：「沒錯，你老婆的外遇對象就是他。」

阿宏似乎不感到意外，也許本來就已經猜到老婆的外遇對象，只是一直不願意接受，現在聽到三太子的回答，更是深信不移，難過的心情慢慢泛染整個臉龐，過去與老婆情深意濃的感情，好像一把把無情的刀，不斷刺向心中，因為阿宏是個男人，即使痛徹心扉，也不敢掉淚。

阿宏的嘴角微微顫抖，又問了一個問題：「他們的感情如何？」

三太子回答：「目前看來兩人的關係還不錯。」

阿宏又問：「關係還不錯？那他們已經發生關係了嗎？」

這個問題阿宏很在乎，也很怕知道答案，可是三太子一眼就看出結果，卻又支支吾吾的不知怎麼回答，三太子問阿宏：「你真的想知道答案？」

阿弘眼神堅定的說：「是的，請三太子一定要告訴我。」

三太子遲疑了一會兒，緩緩的告訴阿宏：「有，他們已經發生過關係。」

聽到三太子的一字一句，猶如一柄沉重的鐵鎚，重重敲擊著阿宏，他微微低著頭沉默不語，心情降到了谷底。

三太子又接著說：「不過只發生過一次。」

「一次？只有一次？」阿宏的心情開始起伏。

三太子看著阿宏，眨眨眼說：「你老婆還是比較習慣你，也對你比較滿意，那男的就弱了一些。」

阿宏不知道該哭還是笑，至少老婆還記得自己的好，不過想到自己深愛的人，卻投入別人的懷抱，這種事情實在不堪，心痛的感覺依然存在，可是又不想放棄，於是問三太子：「我們夫妻的感情還能挽回嗎？」

三太子嚴肅的問：「你不介意嗎？」

阿宏想了一下，肯定的說：「雖然老婆對不起我，但我仍深愛著她，我可以當作什麼都不知道，什麼都沒發生過，只要她能回到我身邊，只懇請老師及三太子可以幫助我，讓我們夫妻的感情可以恢復，其他的都不願意去計較，真的都不會計較，真的只要可以恢復過往的情感。」

阿宏有點語無倫次的說，但是我很明白他的意思，無非就是希望回到過去夫妻感情融洽的那段時光，只是鳳微閣並不能隨便幫人斬桃花，這都需要神佛作主，經過菩薩的同意後，才可以辦理，關於阿宏的事情，三太子說必須擲筊詢問，於是助理領著阿宏到神佛面前，請阿宏擲筊。

站在神佛面前的阿宏，心情很是忐忑，跪了又拜，拜了又跪，非常虔誠，一直不斷懇求，深害怕不能得到神佛同意，斬斷妻子的桃花，最後阿宏吸了一口氣擲筊，聽著清脆的聲響迴盪在鳳微閣，阿宏的心也跟著七上八下，靜靜在旁看著。

「笑杯？」神佛給了一個笑杯，阿宏有些不解，也有些失望，助理在旁提醒阿宏，求助於神佛，不僅是自己的虔誠與恭敬，更重要的是記得回來答謝，阿宏一聽就明白，**並承諾一定會回來答謝神佛的慈悲**。

阿宏再度跪拜懇求神佛，戰戰兢兢的擲筊，等候神佛的恩准。

這次終於得到「聖杯」，阿宏非常感恩，馬上請示三太子該怎麼做，三太子開心的告訴阿宏：「恭喜你得到神佛的恩典，點一年的斬桃花燈，慢慢就會改變老婆的心境，回到你身邊。」阿宏拜謝了眾神與三太子，帶著期待離開鳳微閣，希望在神佛的加持後，夫妻間的感情可以慢慢恢復。

大約三個月左右後，阿宏再度前來鳳微閣，他非常正式的帶著三牲、三素、三果前來答謝神佛，我問阿宏：「現在你們夫妻的關係怎麼樣了。」

阿宏語帶感謝的說：「現在好很多了，開始會互相關心，也會有親密的小動作。」

三太子好奇的問：「什麼樣親密的小動作？」

阿宏解釋：「過去每當我上班時，我和老婆都會擁抱一下，自從第三者出現後，就再也沒有過了，點了斬桃花燈後，這段時間我們又恢復以往那種親密，只是老婆還是不願意跟我同房。」雖然和妻子間的感情還沒完全恢復，但是可以聽出阿宏已經感受到老婆漸漸回來身邊的溫暖，也一直期待破鏡重圓的到來。

又過了半年，阿宏神清氣爽、心情愉悅的再度前來鳳微閣，他跪在神佛面前磕頭，非常感恩的告訴神佛：「眾神啊，感謝祢們的慈悲，感謝祢們幫助，神佛的恩典如此偉大，讓我這個年過半百的人，不受家庭破碎之苦，我不知道該如何回報，今天準備了一些供品，請神佛笑納，往後我一定會經常回鳳微閣，禮拜眾神！」

話畢，阿宏再虔誠拜了三下，之後他告訴我，現在老婆已經願意跟他同房，也不再參加社團，和那男的已經斷了聯繫，平時夫妻二人有空時也會一同牽手散步，到處走走，甜蜜的感覺再次回來，讓阿宏的心裡非常幸福，如果沒有神佛的幫助，或許現在的他已經是孤家寡人一個了。

神佛的慈悲真的令我欽佩，挽救了一個即將破碎的家庭，當然也是因為阿宏非常虔誠，感動了神佛，才會有此果報，看到現在的他不再為情所苦，彷佛脫胎換骨，讓我感到欣慰，我也在心裡深深的祝福他們夫妻二人，能夠一直牽著手走下去，白頭偕老。

這時三太子突然嘟著嘴，俏皮的說：「阿宏，你怎麼沒謝謝我啊？」

阿宏看著三太子，馬上會意過來，拿出剛買好熱騰騰的炸雞、漢堡說：「太子爺，我怎麼敢忘了祢，祢也是我的大恩人，早聽聞三太子喜歡現代食品，我準備了一些，希望三太子喜歡。」

三太子開玩笑的說：「哈哈哈，算你聰明，以後跟老婆嘿咻時，可別忘了有我一份功勞喔！」阿宏害羞尷尬的點點頭。

隨著三太子開朗的笑聲，今天的鳳微閣真是充滿幸福美滿、感恩的一天。

【求子】

香火鼎盛的寺廟裡，唸經聲、祈禱聲不絕於耳，供桌前擺放各式各樣的供品，善男信女虔誠的跪拜神佛，有的擲筊，有的磕頭，祈求著世人的七情六慾可以得到實現，各式人等穿梭其中，好不熱鬧，正殿裡的欣惠也喃喃祈求：「觀音菩薩，求您大發慈悲，賜予我們一子吧！我夫妻二人結婚多年，膝下仍無子嗣，求求您大發慈悲吧！」

文誠無奈的看在眼裡，拉著欣惠說：「老婆，沒用的，都拜過那麼多間廟宇了，不會有結果的。」

欣惠狠狠的看著文誠說：「都是因為你不夠誠心，說這種大逆不道的話，快點，跪下來一起拜。」

文誠只好搖搖頭與欣惠一同跪拜，夫妻二人拜了一段時間後，欣惠才肯起來，望著觀音菩薩，眼中盡是懇求的神情，期待的心情，但文誠卻不以為意，在他心中，求助神佛不如求助醫療，唯有實質手術，才會真的有結果，這些拜拜的方式，不過是讓心裡得到平靜罷了。

文誠與欣惠結婚十餘年，不管夫妻二人怎麼努力，就是無法產下一子一女，到處求助無門，始終承受來自長輩們龐大的壓力，但是他們仍然不願放棄，文誠尋求醫療上的幫助，欣惠則求助於神佛，在一次因緣際會下，他們在書店看到了我的書，經過兩人的商議後，決定來鳳微閣找我。

我第一次看到他們時，文誠表現得很低落，欣惠則是充滿期待，我輕聲的問他們：「是什麼事情困擾著你們呢？」

欣惠馬上回答我：「老師，我們想要有小孩，可是一直無法如願。」

我好奇的問：「有試過什麼方法嗎？」

文誠回答：「我們曾經找過醫生檢查，結果我們的身體都很健康，醫生說可以正常受孕，但是事實是不管我們怎麼努力，欣惠都無法懷孕，後來也進行過幾次人工受孕，花了數十萬，不僅沒有成功，還讓欣惠挨了好多針，看到她那麼辛苦，讓我非常心疼，之後也開始嘗試中醫、各類民俗療法，甚至偏方我們也試過，但都徒勞無功。」

欣惠接著說：「所以後來我就決定不再尋求醫療方式，開始向神佛求助，我相信一定是有什麼我們不知道的原因，這一定不是科學可以解釋的，不然我們夫妻二人都健健康康，怎麼可能無法懷孕？」

我繼續問欣惠：「我看你們兩個是從南部上來的，你們都到了哪些地方求助？」

欣惠回答：「幾乎北、中、南各大宮廟我們都去參拜，每尊神佛我們都求，特別是送子觀音，一定常常去求。」

文誠搶著說：「欣惠每次只要聽到哪裡可以求，就拉著我去，不管路途有多遙遠，也一定誠心前往，這也就算了，甚至有些名不見經傳的地方也要去，是不是有些太過於迷信了？」

欣惠嘟著嘴：「可以試的，都是機會啊！怎麼可以這樣說，如果真的成功懷孕了，你能不感謝嗎？」

看著小兩口在鬥嘴，三太子忍不住說：「為什麼一定要有孩子呢？現在養一個孩子那麼貴，又不好教，不能打也不能罵，沒看多少學校老師都不知道該怎麼教育孩子了，再說孩子長大後，也不一定就會孝順父母啊，說不定還會惹一堆麻煩，氣死你們呢！」

我也告訴他們夫妻倆，孩子這種事情，一切隨緣就好，強求不來的，但是文誠告訴我：「老師，其實我也知道很多事情不能強求，但是我身為家中獨子，背負著傳宗接代的責任，人說不孝有三，無後為大，家中長輩也一直期待能有個可愛的小朋友誕生，我不敢違背他們的意思，所以才會一直努力想辦法，但過了那麼多年，其實我已經有點看開了，可是聽聞鳳微閣的母娘慈悲，幫助過許多人，所以燃起一絲希望，從南部趕上來參拜，希望也能得到神佛的幫助。」

三太子看著他們夫妻倆，搖搖頭嘆了口氣，什麼也不再多說。

欣惠發現三太子有點不對勁，著急的問：「怎麼了三太子？是不是有什麼問題？可以告訴我們嗎？」

三太子猶豫一下，吞了吞口水，欲言又止，文誠馬上懇求：「三太子，沒關係，請直說吧！我和欣惠的身體是不是有什麼問題？」

三太子看著文誠跟欣惠，語重心長的說：「坦白告訴你們，你們夫妻二人命中無子，所以才希望你們不要強求。」

文誠很失望的回答：「沒關係，謝謝三太子直言，我想這應該就是最根本的原因，真的謝謝三太子。」說著說著，起身就想離去，欣惠卻拉住文誠，示意他先坐下，並很誠懇的看著三太子：「三太子，一定有方法的對嗎？都說鳳微閣母娘慈悲，一定可以幫助我們的對嗎？」

三太子不知道該怎麼回答，只是告訴他們，這一切都要由母娘作主，因為**想要得到命中沒有的事物，可不是那麼容易，必須要有很大的功德，也唯有經過神佛作主，才有可能獲得**，所以請他們到母娘面前擲筊，只要得到母娘的同意，就會有希望。

夫妻二人戰戰兢兢，非常恭敬向母娘報告事情原委，深深叩拜後，開始擲筊，一次、二次、三次……，多次擲筊的結果，大多是「笑杯」，偶爾出現

「無杯」，他們感到非常訝異，難道母娘不答應？還是說得不夠清楚？文再試了幾次，依然得到一樣的結果，文誠越發懊惱，欣惠更加沮喪，他們跑來問三太子：「怎麼母娘好像不同意？」

三太子笑笑的回答：「其實母娘慈悲，已經被你們感動了，但剛剛跟你們說過了，命中沒有的東西，不是那麼容易說想要得到，就能得到的，這需要很大的功德。」

文誠問：「那我們要怎麼才能實現願望，可以做些什麼呢？」

三太子告訴他們，需要用最大的「**誠心感動神佛**」，用最大的「**誠意發願做功德**」，有十分力，盡十分力，有一分力，盡一分力，不要用僥倖的心態欺騙神佛，因為祂們很清楚你的能力有多少，文誠與欣惠所求之事，非命中所有，因此要得到，則應盡全力付出，如想吃美食，五星級餐廳和小餐廳的費用是不一樣的，求大事就要大功德，求小事只要小功德。

文誠聽得非常明白，不斷點頭，但他告訴三太子：「我們深知這個道理，可是之前為了要讓欣惠懷孕，已經花了很多錢，我們目前的能力真的非常有限，這該怎麼辦呢？」

我告訴文誠不要擔心，因為神佛看的不是金錢，而是「誠心」，即使一個身無分文、誠心極致的人，也能得到神佛的庇佑，可是在能力所能負擔的金錢，一定要捨得付出，別讓自己過奢華享受的生活，卻**對神佛斤斤計較**，至於金錢要付出多少，因人而異，因所求之事而異，沒有定論，倘若金錢的付出無法達到所需的功德，當然也有其他方式可以代替。

欣惠越聽越有所領悟，於是問說：「我們願意盡所有能力來答謝神佛，除此之外，我們還能做些什麼？」

三太子笑笑的回答：「這個讓我請示一下母娘。」三太子喃喃說著天語詢問，一下皺眉，一下微笑，讓文誠夫妻二人霧裡看花，不知母娘是否同意。

不久後，三太子說：「母娘指示，想先看看你們的誠心是否足夠，你們現在已經很明白命中本就無子，若是想要獲得，就必須答應母娘的要求，因為幫助你們，必須花費相當大的心力來改變命運。」

三太子望著二人，停了停後繼續接著說：「既然你們經濟能力有限，母娘慈悲，母娘要求你們日後每逢初一、十五，都前來鳳微閣參拜，如此持續三年，若能做到，三年後，母娘自會實現你們的願望。」

文誠聽後，感到有些猶豫，開始細細思索，三年的時間並不短，如果答應了卻沒做到，對母娘很不恭敬，但是不這麼做，又不能表現出自己的誠心，反覆思量，始終不敢決定，文誠望向欣惠，希望她能提供一點意見。

三太子看透文誠的心事，接著說：「別以為來參拜三年這點功德就能讓你們達成願望，這只不過是測試你們的心是否堅定，到時**母娘還要拿自己的功德**來補給你們，才能對天界有所交代，改變命運是要花很多心力去安排的！」

欣惠領悟到母娘的用心，知道母娘願意犧牲祂的功德來換取自己求子的願望，如此大的恩澤，自己何德何能，她跪地雙手合十，非常感動的說：「真是太感謝母娘了，我們一定會做到的，對不對，文誠？」

文誠見到欣惠堅定的眼神，更添信心，異口同聲的答應一定會做到，想到過去為了求子，花了多少時間，多少金錢，都毫無成果，現在只要完成母娘的要求，三年過後，就能如願以償，為何還要猶豫？

三太子看著他又說：「可是你別忘了，你們是住在南部喔，這車程可不算短，而且三年內，少一次都不行喔。」

欣惠很有信心的告訴三太子：「三太子祢放心，為了求子，我們願意付出一切，而且我們一定不會辜負母娘的慈悲。」

隨後夫妻二人再度到母娘面前擲筊，並答應母娘的要求，深深叩拜後擲筊，果然一次就得到「聖杯」，他們非常高興來跟我說，我也告訴他們：「既然母娘已經慈悲答應你們了，那你們答應母娘的事情一定也要做到，千萬可別半途而廢喔，否則前面的努力都前功盡棄了。」

文誠與欣惠拜謝了三太子，帶著愉悅的心情離開鳳微閣，他們也遵照自己的諾言，每逢初一、十五，不辭千里、風雨無阻，遠從南部北上參拜母娘，帶來供品及添香油錢，不管天氣惡劣與否，身體生病與否，從不缺席，除了為求子的願望，也為感謝母娘的恩典而來，不僅是我，我相信母娘慈悲，也一定可以感受他們的誠心。

三年後，某天三太子笑笑的告訴他們：「奉母娘指示，三年期限已到，恭喜你們完成母娘的要求，現在起，母娘會替你們作主，你們現在唯一要做的就是，努力生孩子。」

文誠與欣惠雖然聽得害羞，但也非常感動，三年來的誠心，總算沒有辜負母娘的期望，而母娘可也沒有閒著，母娘必須不斷上天庭開會討論，說明此事，得到眾神佛的同意，仙子們則幫忙上天下地傳送申請公文，歷經千辛萬苦，層層關卡後，終於獲得批准，果真不久後，欣惠懷孕了，即使如此，他們夫妻二人仍是每月前來鳳微閣參拜、感恩，因為他們很清楚，**千萬不要過河拆橋，利用神佛，母娘能夠給你，也一定可以收回**，同時他們也祈求能順利產下一個健健康康的胎兒。

十個月後，好消息終於傳來，是一個白白胖胖的小男孩，夫妻二人跪在母娘面前，掩飾不住激動與感謝的心情，頻頻叩拜，他們也和我分享得子後的快樂，文誠與欣惠臉上泛著幸福喜悅，他們終於如願，我也很替他們開心，也佩服母娘的慈悲偉大，和許多為此事到處奔波的仙子們。

也許一般人到這時候，會認為一切已經結束，但文誠與欣惠夫妻二人，是真正發自內心的感恩，日後他們依然經常前來鳳微閣參拜，每次都會帶上供品，以及添香油錢，不只答謝母娘的恩典，也會報告孩子的狀況，並懇請華佗師父賜予「華佗水」，讓孩子可以健健康康的長大。現在小朋友已經會說一些話了，非常的天真可愛，想著前幾年他們夫妻二人剛到鳳微閣時的落寞，和現在如願得子，證明了誠心真的可以感動神佛，母娘的神威，令人讚嘆。

【感謝華佗師父】

華佗師父的醫術高明，有「神醫」之稱，近代也常以「華佗再世」、「元化重生」等形容醫術傑出的醫生，鳳微閣供有華佗師父，許多身體不適之信眾也常來求助，對於誠心者，華佗師父會賜予華佗水，並調理求助者之身體健康，以下是位信眾得到幫助後，為感念華佗師父而寫下的心得。

懇求華佗水

過去曾有人詢問我喝了華佗水之後，身體的進展如何？有無任何改變？回想從我到鳳微閣至今，獲得華佗師父和華佗水的幫助約三年多了，當初的確是因為我的身體狀況太嚴重，長期以來，中西醫都求助過，但是無法治癒，想到才27歲的我，就一直承受著病痛的折磨，將如何度過漫漫人生，幸好看到老師的書《我是通靈人》，才抱著一絲希望，轉而向華佗師父請求幫助。

縫合韌帶，添加骨質

我的身體有許多病痛及傷害，過去我曾出過車禍，撞擊部位是右邊小腿，當時不懂得要復健治療，完全沒有理會，十多年後肌肉開始硬化，那個部位沒有什麼知覺，除此之外，還有骨質提早退化和膝蓋韌帶斷裂的問題，幾乎要坐輪椅，一般正常的走路都有問題，後來鳳微閣的神明為我做手術，縫合膝蓋韌帶，以及為我添加骨質，不斷調理，現在已經可以正常走路，而原本沒有知覺的部位，也已恢復正常。

經期正常，精力再現

之後華佗師父開始替我整頓身體，月經不正常一直是我的困擾，時間常常嚴重延遲，經血色黑，量少，排不乾淨，更不用提其他子宮的功能，調理後，

月經血色逐漸紅潤，經期慢慢回復規律。在手的部分，容易瘦軟無力，情況嚴重時，寫字、打字後均會抖，現在已經好很多了，終於可以正常寫字和打字，不再動不動就產生無力的現象。

從小我的身體狀況就不好，精神和體力極差，學生時期常困頓打瞌睡，精神不振，長大後踏入社會，早上上班常會累到爬不起床，虛弱疲倦一直困擾著我，常遲到或請假也會惹來上司的不悅，造成許多工作上的不順遂，好在有華佗師父的幫助，**現在體力和精神好很多，總算可以正常上班和生活**。

洗腸整胃，皮膚光亮

還有就是面子問題，愛美是女人的天性，一張乾淨清秀的臉龐，總是能給人較好的第一印象，過去原本**滿臉痘痘**的我，因為內分泌失調，膚質真的不太好，華佗師父先幫我調整腸胃，因為消化系統是一個人身體的底子，營養不能良好吸收，身體自然出現問題，華佗師父首先幫我**洗腸整胃**，腸胃清，人整個清爽起來，進而改變體質，現在皮膚好很多，只有在熬夜時才會又長痘痘，華佗師父也順便幫我美白，功力效果真是驚人，一般市面上的皮膚保養產品，頂多讓妳「變白」，或有油光，或利用彩妝產生顏色，但華佗師父可以讓妳的**皮膚明亮光采**，從肌膚透光出來，這是一般保養做不到的。

誠心求助，感動神佛

在華佗師父的調理下，除了華佗水的幫助，還有許多仙子們的**推拿按摩、針灸治療**，身體健康能有這樣的進步，真的非常感謝。記得以前珍貴的華佗水和華佗師父的治療，曾經停止過，好不容易重新開放，這段時間卻因為**求醫的人不懂規矩**，而使華佗水的服務暫停，真的很可惜，讓許多人失去華佗師父的幫助，其實華佗水和華佗師父的治療，要用**誠心和耐心**才能得到，若是有一般醫療治不好的問題而向華佗師父求助，請一定要先將規矩看清楚，並且真心供養神佛，讓神佛感動，**別以為花錢就一定能得到神佛的庇佑**。

在受到幫助的這段日子裡，我真的很感謝鳳微閣的眾神，教導我許多事，也給予我正確的觀念，從過去到現在，成長了不少，讓我清楚明瞭，**神威真的**

不可欺，唯有誠心，才能打動神佛。

記得每次到鳳微閣去求華佗師父開藥，三太子總會在仙子、仙女為我針灸治療的時候跟我說笑、說故事。

鬼差求助華佗

話說有一次，三太子跟著華佗師父到醫院去，經過病床，隱約看到兩個黑影筆挺挺的矗立在床前，原來是鬼差在隔壁病床準備帶人走。活潑的三太子看到鬼差大爺，趕緊向祂們打招呼，可是板著臉孔的鬼差卻是理也不理。三太子「嗨…嗨…嗨……」了老半天，得不到鬼差的回應，正當三太子轉頭回來不想理睬他們的時候，兩位鬼差忽然「咚」的一聲跪下來，三太子回頭一看，原來是鬼差大爺看見了神醫華佗師父，即使在另一個世界的鬼差跟人世間的凡人，都有病痛，也會生病，同樣需要治病，鬼差也想求助華佗師父的幫助，醫治身體的病痛，凡間人不識華佗師父的尊貴，但是鬼差大爺可是明白得很。

這個故事開了我的眼界，也讓我從另一個角度見識到，原來華佗師父的厲害，連鬼差都要下跪求助，那麼一般來求助華佗水的民眾，對華佗師父和華佗水究竟了解多少呢？是否能抱著跟鬼差大爺一樣**兩腳下跪的誠敬態度**，來面對華佗師父呢？回想起自己來鳳微閣求醫求助的時間，過程中，我和一般懵懂的信眾一樣，在一邊求助的過程中，也一邊在人神關係中不斷學習，時而也會無知犯錯，由於華佗水曾經因為一般求助者的不尊重而中斷了兩次，不對外開放，所以我將自己求助華佗水的心得寫出來，希望其他誠心的求助者，能夠因此更加了解華佗水，而用更正確的態度來求助神明。

來求助華佗水的人，常是因為求助無門，或是重病難醫。一般花大錢也醫不好的疑難雜症，為什麼在鳳微閣，無需花大錢，就可以用負擔得起的醫藥費用，得到最好而無價的醫治？究竟華佗水是什麼樣的神奇藥水？來求助華佗水的人，一定要先將江老師的書和網站閱讀清楚，了解華佗水是什麼，再來求醫才有意義，華佗水並不是市售的廉價藥水，或是一般宮廟的符水，而是來自上天的無形藥水，**華佗水是要用功德和誠心來換取的**。

現代人習慣了快速淺薄的商業文化和人際關係，也常不知不覺把這樣的邏輯套用到神聖的人神關係裡，許多的商業買賣，求的是廉價速成，只要能夠在最短時間內成交，不計信用毀譽、不計價錢、不計副作用，就算天花亂墜的說詞或是危害人命的後果，為了把產品賣掉，也可以不計手段，這樣的賣家只在乎商品現在賣不賣得出去，買東西的人也是經常抱著付錢就是老大的心態，東西拿了拍拍屁股走人，這種現實的作風處處可見，久而久之大家也見怪不怪習以為常，人與人之間的信任關係卻因此變得愈加薄弱。

若是來鳳微閣求醫和求助華佗師父開藥，**千萬不能抱持這種買賣東西的心態**，一般受病痛所苦的人，一定很清楚那種痛苦折磨以及絕望怨尤的心情，若用理性冷靜的態度面對病痛，就會了解到，自己的**病痛都是自己前世今生所造成的**，不是神明造成的，不該怨天尤人，而今日若是神明悲憫願意相助，便要更珍惜能夠醫治的機會。

中醫的精華在於治根治本，因此這種醫療方式效果最好，品質最高，但相對的，需要醫生和病患花費相當長久的時間和努力，以及堅定的信心與毅力，因此若是在病未痊癒之前就擅自停藥，或是過程中信心動搖而多方求醫，又把它處醫療失敗的殘局拿來丟給華佗師父和三太子收拾，或是**面對自己的病痛時，不先去醫院做科學診斷與檢查**，而是隨便隨口詢問江老師關於自己的病情，因而詢問後又心有懷疑不能相信，可是不相信卻又要開口隨便問，這一切都等於使得華佗師父和辛苦製藥的仙子、仙女白費苦功，對於神明是非常不敬的。

如果面對一般的醫生是如此做法，醫生雖然無可奈何，但若是對華佗師父和菩薩們如此，就是折損自己的福分，也斷了自己的後路，很多人來求助之前，並沒有把書本和網路的說明閱讀清楚，不了解神明的用心，也**不了解華佗水的珍貴，把華佗水當作一般藥房的藥**，拿了藥便消失不見，沒有感恩也沒有尊重，因此破壞了人與神之間的信任關係。

華佗水是仙子們上山採藥，辛苦數天煉製而成

許多來求助的人，當下的病業已深，根本不是一般的金錢花費和醫藥可以治療，這樣一個原本治不好的病，因為神佛的慈愛，憐憫眾生，**所以當初觀**

音菩薩四處奔走苦苦求情，感動華佗師父，讓華佗師父犧牲雲遊四海的自由（《我是通靈人》三訪華佗師父），前來鳳微閣治療受病痛所苦的人，以華佗師父和菩薩種種開刀、縫針手術，加上奇珍異草辛苦熬製的藥品，還有針灸推拿、美白瘦身、按摩、洗腸排氣等等，甚至顧及患者的方便與健康而到府治療和幫忙淨化屋宅空氣與磁場，這一切的辛苦付出，就在一罐罐透明沒開封的華佗水背後，是一般人所看不見的故事。

而這些人工和藥品，若換算成金錢，都不是一般人能夠負擔得起的，那麼為什麼神明願意幫助人？難道神明是為了幾千塊錢的醫藥費嗎？神明願意不計成本的幫助一個人，看的是**人神關係**，看的是**受助者的人品修為**，看的是一個人的福分和努力，神明都會假定並且用善心去信任今天受神明所助的求助者，而我們從當下自身的苦痛，因而能夠將心比心，了解世人無奈痛苦的心情，了解助人的重要，並以同樣的心情幫助別人，從此不斷救助其他需要急難救助的人，**捨得財佈施**，**累積自身功德**，**累積自身福報**，並以誠心回饋神明，如此便能成就一個圓滿的人神關係。

神佛以長遠的眼光來看待受助者當下無以負擔的病業，相信受助者能在人生未來長長久久的路上，不斷的回饋彼此，回饋社會，因此當神明對你付出，幫助你度過難關，身為受助者的你，也要記得付出自己的心力，用愛心幫助需要幫助的人，仿效神佛的慈愛，將神佛的慈悲傳達出去，藉以幫助更多的人。

第三篇

儒道釋研討

【為何菩薩坐蓮花】

在佛經裡常常提到蓮花，如**妙法蓮華經**的蓮華即蓮花之意，「華」為古字，古人不講蓮「花」，都稱蓮「華」，不論雕像或是書畫像，常看到菩薩和佛祖都是坐在蓮花上，為何菩薩不坐在其他花朵上面，而僅坐在蓮花上呢？當然大家都會回答因為「蓮花出淤泥而不染」，沒錯，要成為菩薩，一定要達到有清靜心，不管在任何污濁的環境，都能明心見性，不受污染。

【功果並行】

以蓮花為菩薩座只是一種隱喻，即得道的人需像蓮花一樣，花果同時存在，蓮花和所有一般的花不一樣，是世上唯一僅有花果同時開結的花朵，其他花樹有先開花再結果、先結果再開花、只結果不開花、只開花不結果，唯有蓮花，開花同時，果即成長在下，花果同時存在，真是微妙，因此亦以蓮花比喻妙法，人要開悟得道，即能成仙、成佛、成菩薩，如何才能得道？必須修三千功、八百果，功果並行，圓滿完成，方能得道，功即功德，以花代表之，果即修六度波羅蜜、八正道、掃三心、去四相，讓人的第七識轉為第八識，阿賴耶識，以果實代表之，有功無果，或有果無功，皆不能得道，功果並行才能達到菩薩位，故古人以蓮花的花果並行，隱喻為功果圓滿完成，修得菩薩，故以蓮花為菩薩座。今人常為往生者摺蓮花，當然就是希望祂們能坐上蓮花，認真修行得道成菩薩。

【聖胎出真人】

上述是佛教的說法，是以蓮花代表得道的菩薩、佛，道教則以**性命雙修**之法，內外兼具，缺外功則德行不全，缺內功則本源不清，對得道者稱為仙、真人，雖然祂們不坐蓮花，但也必須修滿三千功（外功）、八百果（內功心性），外功即平生居心，使之無虧，一言必謹，言有功也，一行必慎，行有功也，內功即惺惺勿致於昏昧，防意如防賊之險，空空不著一物，守心不動妄念，呂純陽祖師以蓮花出淤泥而不染，比喻人之自性，本自清淨也，同時強調人之修行需功果並行，花開則功德顯明，果結則道果圓滿。仙、佛、聖人都是得道者，只是名詞不同，說法不一樣，道教要修功果，和佛教有些不同，道教稱為修練，即所謂的煉金丹，金丹非設爐煉丹，向外求之，而是由體內修成，道家要練到五氣朝元，三花聚頂，方能結聖胎，懷胎十月（或許更久，因人而異），由玄關出竅，即出真人，真人乃仙也，來去無蹤，甚至可白日飛升。

【四大皆空】

常聽說出家人要「四大皆空」，事實上四大皆空不只是出家人，而是世界上所有的人都是四大皆空，何謂「四大皆空」？有人說喜、怒、哀、樂，或者是酒、色、財、氣，實則不然，四大皆空指的是地、水、火、風，如高山峽谷謂之地，海洋河川謂之水，陽光溫暖謂之火，強風氣流謂之風，從而化之我們人的個體色身，假合而成，地即毛髮爪牙、皮骨筋肉，水即血淚痰尿，火即溫暖體溫，風即一呼一吸，人在往生經過一段時間埋葬後，四大盡失，毛髮筋骨不再生長，失去活力，則地失，血淚痰尿不再產生，則水失，體溫冰冷，溫暖不再，則火失，呼吸停止，身軀之氣不再流動，則風失，地、水、火、風皆成空，因此佛家說肉體只是我們靈魂（本性、自性）暫住的軀殼，無需眷戀，修自身靈魂才是最重要的，重視肉體的美醜、享受，只是短暫的，有生有滅，輪迴不斷，靈魂才是永恆不滅的，故此勸說出家人應四大皆空，即是告誡出家人和修行人，不要迷戀於世間肉體上的各種娛樂享受，而應精進於靈層的修行，看出本性。

肉體有生有滅，短暫存世，若執著於肉體的外在，永遠擺脫不了生死輪迴，反觀靈魂則能修成正果，達到了脫生死，不生不滅，不再受輪迴之苦的境界，道教也認為四大指地、水、火、風，並以地球為例說明，足下為地，地下為水，水下為火，火下為風，故火下即為地之中心也。「四大」，不論在佛道，喻之大如世界，小如身軀，均藉以勸誡世人，舉凡生命萬物，終有盡時，唯修其本性，方能超脫一切，不生不滅。

【八風吹不動】

慧海禪師所著之頓悟入道要門論卷上，其中有一段：

問：「云何為禪？云何為定？」

答：「妄念不生為禪，坐見本性為定。本性者，是汝無生心。定者，對境無心，八風不能動；八風者：**利**、**衰**、**毀**、**譽**、**稱**、**譏**、**苦**、**樂**，是名八風；若得如是定者，雖是凡夫，即入佛位。何以故？菩薩戒經云：眾生受佛戒，即入諸佛位；得如是者，即名解脫，亦名達彼岸、超六度、越三界、大力菩薩、無量力尊，是大丈夫。」

過去曾有這麼一段故事流傳，北宋年間，蘇東坡被貶而外放到黃州，與長江對岸廬山歸宗寺的佛印禪師為至交好友，兩人常一同談天說地，比試詩詞歌賦，討論佛理，蘇東坡本身就是一位修行者，故自稱「東坡居士」，對佛法有相當的研究，並要求自我品德高超，某日，蘇大學士一時興起，寫下一首讚佛詩：

稽首天中天，毫光照大千；八風吹不動，端坐紫金蓮。

「稽首」即膜拜頂禮，「天中天」則表示天是世人所尊敬的，而佛陀更為天所尊敬，故比喻佛陀為「天中之天」。

我們所生活的太陽系，就是一個小世界，一千個小世界，組成一個小千世界，一千個小千世界，組成一個中千世界，一千個中千世界，結合成一個大千世界，「毫光照大千」，即佛陀智慧慈悲的光芒，普照大千世界。

「八風吹不動」，最為精要，乃全詩之重點，《大智度論》：「利、衰、毀、譽、稱、譏、苦、樂，四順四違，能動物情。」這八種是世間成敗得失之總合，能牽動人心，影響情緒。面對稱頌讚譽，功名利祿，則生歡喜心，沉醉於中，若遇譏嘲毀謗，則怒形於色，忿忿不平，逢失敗損失，痛苦絕境，則煩惱憂心，心生焦慮，凡人大多如此，然佛陀能跳脫此八種情境，不為所動，故以「八風吹不動」喻之。

「端坐紫金蓮」形容佛陀已不再被外界一切所干擾，身心已淨，功德圓滿，安穩莊嚴端坐在蓮花台上。

這首讚佛詩不僅是對佛陀的讚詠，其中「稽首天中天，毫光照大千」更恭維佛印禪師已到佛的層次，「八風吹不動，端坐紫金蓮」則是暗喻作者蘇東坡本身亦達到如此境界，似佛陀一般，心如止水，不再受外界一切俗事之干擾，無論何以加之，皆不為所動。

寫畢，蘇東坡反覆默唸，認為這真是精妙絕句，應該要讓好朋友佛印禪師鑑賞，相信一定可以引起禪師的共鳴，於是差家丁立即渡江送往歸宗寺，自己則在書房等待禪師的讚美。

江邊另一岸的佛印禪師接過蘇東坡的詩，看完後微微笑了一下，並不多語，只在詩的背面寫上「放屁」二字，請家丁送回。

看到這無禮的回應後，本以為會獲得佛印禪師好評的蘇東坡，怒不可言大喊著：「豈有此理！」氣沖沖的推開書房，命家丁馬上隨之前往歸宗寺，必要找佛印禪師好好理論，何以此精妙絕句只換來「放屁」二字。

一到歸宗寺，蘇東坡開口便說要見佛印禪師，豈知佛印禪師早已交代門口僧人，今天不見客，這讓蘇東坡更是火冒三丈，這口怒氣是怎麼也吞不下，管他禮不禮節，蘇東坡不聽勸阻，閃過門口的僧人，三步併兩步直向佛印禪師的禪房衝去。

一到禪房門口，蘇東坡本要大力敲打房門，讓佛印禪師快快現身，但在此時，卻看到禪房門口貼著一張字條，上面寫著：

一念嗔心起，能燒功德林，八風吹不動，一屁打過江。

看到這兩行字的蘇東坡，如大夢初醒，怒氣全消，反而覺得慚愧，自己怎麼就那麼容易被激怒了呢？怎麼配稱上「八風吹不動，端坐紫金蓮」？蘇東坡感嘆自己之於佛法，只求理解，卻不能實踐，一旦身入其境，仍與常人無異，照樣八風一吹，隨之起舞，不能控制情緒。

世上講道理、有學問的人很多，所謂「知易行難」，真正能去做到的人不多，總是說人容易，自己則無法在日常生活中實踐，世人面對問題時常會失去理智，違背正理規矩，「有學問的人不代表能修得正果，而學問不多，甚至不識字的人也並非不能得道」，六祖慧能不也是在不識字的情況下，修得正果成佛，所以世人切莫妄自菲薄，看輕自己。

常常聽到大家說修行的目地就是想：「往生西方，不再輪迴。」但修行是一門艱難的功課，需要時時警惕自己，非常精進，努力去做，改變不良習性，才能不斷進步，接近西方，到達不生不滅。

【佛祖誕辰日】

距今約兩千五百多年前，印度迦毘羅衛國的王后摩耶夫人，生下一位智者，也就是後來佛教的創始人，世人恭敬尊為釋迦牟尼佛。

根據記載，或是傳說，摩耶夫人是在夢中受孕，睡夢中，四個天使驟然來到，並將她帶到喜馬拉雅山的阿諾達蒂湖，由四位女子為她沐浴，清除所有凡人的污垢，之後帶往銀山上的金色大宅，請摩耶夫人在宅內的聖床上躺下，而在山下的佛祖已化成一隻壯碩的白象，一步一驅的緩緩爬上銀山。白象進入金色大宅後，慢慢走向聖床，看著摩耶夫人，默默繞了三圈，隨即碰觸摩耶夫人的右側，於是她懷了孕。

十個月後，摩耶夫人於藍毗尼花園的無憂樹下，生下了悉達多太子，太子誕生不久後，即能行走，天上落下許多繽紛璀璨的花朵，似乎在祝賀太子的出世，太子向著東、南、西、北四方各走七步，每走一步就出現一朵蓮花來接住他的雙足，最後太子站在蓮花上，一手指天，一手指地，說道：「天上天下，唯我獨尊。」隨即有兩股天泉由天瀉下，沐浴在王子的身上，為他淨身，佛祖偉大的故事就此展開。

佛祖誕生的故事眾說紛紜，版本雖有落差，但大同小異，多年後，世人將這天訂為**浴佛節**，不只是慶祝佛祖誕生，也因傳說中天下泉水，為佛沐浴而得名，只是當時印度的曆法與中國大有不同，且年代久遠，無法確認真正日期，後人為尊敬釋尊的偉大，決定將日期訂為農曆四月初八，一直到了今天，四月初八仍是佛教界的重大盛事，台灣各地廟宇皆有浴佛儀式及慶祝活動，祈求佛法普照世間，消弭災難，並請法師開壇說法，廣說經典。

佛祖的生日，四月初八，並不是隨意而定，其中含有深遠的意義。

◎「四」指**四聖諦**，即苦、集、滅、道。

◎「八」指**八正道**，即正見、正思維、正語、正業、正命、正精進、正念、正定。

◎四加八為「十二」，指**十二因緣**，即無明、行、識、名色、六入、觸、受、愛、取、有、生、老死。

◎四乘以八為「三十二」，指三**十二相**，即佛所應化之身所俱足之三十二種殊勝容貌與微妙形相，要修得三十二相，就得五根修六度，為三十，另加不著相、不著空，合為三十二。

因此四月初八這個日子，不只是紀念偉大的佛祖，更是提醒修行人，想要到達彼岸，先問問自己做了多少功課，實踐多少佛理，還有多少需要努力，唯有不斷的精進，才能修成正果。

【三界公】

在台灣，每個廟宇供奉的神明各有不同，各有所長，各司其職，而三界公廟，可能讓你感到陌生，不知所拜何神，但如果說「三官大帝」，那麼即是鼎鼎有名眾所皆知的大神，其實三界公指的就是三官大帝。

以時間而言，三界為宇宙之界，分為無極界、太極界、現世界，三官大帝乃無極界之神，在玄黃判分，天地肇定後，有天官、地官、水官三帝，分治天、地、水三界，專考校天人之過，而司眾生禍福之神，管理三界秩序、倫理道德、解救災厄。歷史上在東漢年間，張道陵天師於龍虎山修三元默朝之道，往後民間開始祀奉三官，元魏時期，乃以三官配三元節，正月十五為上元節，訂為天官大帝誕辰，七月十五為中元節，訂為地官大帝誕辰，十月十五為下元節，訂為水官大帝誕辰，〈道藏洞玄部〉提及三官大帝，設有九府，共部一百二十曹，計三元九府有三百六十應感天尊，世人合三官簡稱為三元三品三官大帝，〈無上秘要〉指出，唐堯為天官大帝降生，以示天文地理，虞舜乃地官大帝化生，以制地理之宜，夏禹為水官大帝降生，以示水利之治，道教對三官大帝的完整名稱為**上元一品賜福天官紫微大帝，中元二品赦罪地官清虛大帝，下元三品解厄水官洞陰大帝**。

【天官賜福】

上元天官，又名紫微大帝，由青、黃、白三氣結成，總主諸天帝王，隸屬玉清境，為玄都元陽一品，居紫微宮中，部三十六曹，主宰眾生善惡之籍，致諸仙升降之司，號曰「上元九氣賜福天官，曜靈元陽大帝，紫微帝君」。雖然天官都在天界掌管天界之事，但每逢正月十五上元節時，天官會下凡巡邏，**賜**

福人間，所以在這天不只要歡慶元宵的到來，更要祭祀天官大帝，向天官祈福，盼望在新的一年裡，能得到天官賜福，在事業、感情、健康各方面，都能順順利利，平平安安。

【地官赦罪】

中元地官，又名清虛大帝，由元洞混靈之氣和極黃之精結成，總主五帝五嶽諸地神仙，隸屬上清境，為青靈洞陽二品，居北都宮中，部四十二曹，主宰三界十方九地，掌理八極四維五嶽，考眾生禍福之機，核男女善惡之籍，號曰「中元七氣赦罪地官，洞靈清虛大帝，青靈帝君」。七月十五中元節為地官大帝的誕辰，通常這天大家都會超度祖先、好兄弟及往生親友，各地均有大型的超度法會，但也別忘了供奉地官大帝，地官主**赦罪**，我們要誠心向地官懺悔，過去一年裡所做的錯事，所造成的罪業，期望地官大帝能赦免我們的罪，同時也警惕自己不要再犯錯。

【水官解厄】

下元水官，又名洞陰大帝，由風澤之氣和晨浩之精結成，總主水中諸大神仙，隸屬玉清境，為暘谷洞元三品，居青華宮中，部四十二曹，主管江河淮海水域萬靈，掌死魂鬼神之籍，錄眾生功過之條，號曰：「下元五氣解厄水官，金靈洞陰大帝，暘谷帝君」。十月十五下元節這天，比較少受到重視，然而水官大帝是與我們最親近的神，最直接管理我們的神，所有的天災人禍，意外災害，均由水官掌管，這天我們更應該祭拜水官大帝，向水官大帝祈求在未來的一年裡，都能出入平安，**解除災厄**，免除意外對我們造成的傷害，讓大事化小，小事化無。

【阿僧祇劫】

在唸佛經時，常常會唸到「阿僧祇劫」，如

《如妙法蓮華經 五百弟子受記品第八》

過無量**阿僧祇劫**，當於此土、得阿耨多羅三藐三菩提。

《金剛經 能淨業障分第十六》

我唸過去無量**阿僧祇劫**，於然燈佛前，得值八百四千萬億那由他諸佛，悉皆供養承事，無空過者。

《佛說阿彌陀經》

彼佛壽命，及其人民，無量無邊**阿僧祇劫**，故名阿彌陀。

一般人都是照著經典誦讀，很少會去理解經典的意義，釋迦佛祖在傳道時最主要是把宇宙真理傳給眾生，但因他講的是梵語，即印度話，翻成中文時，有的按照音譯，有的依字義翻譯，加上佛祖講道時內含許多「密意」，所以如果沒有深入去了解，可能很難明白其中佛祖所講的真理，那就可惜了佛祖當時的一片用心，也可惜我們接觸到了經典，卻不能了解經典的意義，當然也就無法遵循佛祖的指示去追尋祂的腳步去實踐。

「阿僧祇劫」指的是阿僧祇的劫數，「劫數」大家都懂，就是天災人禍等災難，而「阿僧祇」源自於印度話，是音譯而來，翻成中文即為無數，或做無央數，也有人翻成「阿僧企耶」，其實就是印度話之數目名稱，一種計算單位，按阿僧祇的數目以萬萬為億，萬億為兆，一阿僧祇即是一千萬萬萬萬萬萬兆，數字之龐大，實是無法想像，簡直不可數，所以阿僧祇劫就是一千萬萬萬萬萬萬兆的災難，即數不盡的災難。

三大阿僧祇劫

凡人皆有三大阿僧祇劫，依照上述所說，人人都會有三個一千萬萬萬萬萬萬萬兆的劫難，真是如此嗎？非也，非也，因為我們人都有本性、佛性，但被貪、嗔、癡所掩蓋，我們累世所犯的過錯有如恆河之沙，多到不可數，每一個妄念，皆為一劫，試想看看，我們人每天會有多少妄念，多少胡思亂想，每天會有多少大大小小的偏差行為？**每一妄念，皆為一劫，每一偏差行為，亦為一劫**，因此今生今世，我們不知已經有多少的三毒之劫，何況累世積來的三毒之心，多到不可數，故「三大阿僧祇劫」，意指貪、嗔、癡的三毒之心，而非指人將會有億億萬萬的劫難。

有些修行者，誤解阿僧祇劫之意，以為人會有億億萬萬的災難，因此會心生畏懼，認為要多少世才能消掉這億億萬萬的劫難，若不能度過這些災難，就無法成佛，會認為這是很困難的事情，漸漸產生退轉之心，阻礙修行成佛之道，事實上，只要去除貪、嗔、癡三毒之心，就可度過三大阿僧祇劫。

【設入大火，火不能燒】

當我們在誦讀經書的時候，許多人常常讀書不求甚解，只拘泥在文字淺顯的解釋，卻沒有了解其真正含意，常常會忽略了原意，變成以訛傳訛，讓原本富含意義的經文，只在字裡行間游走，失去了真正要轉達給世人的精髓，實是非常可惜。

在《法華經普門品》中，提到「若有持是觀世音菩薩名者，設入大火，火不能燒，由是菩薩威神力故。」於是很多人開始解釋這段話，認為遇到大火時，只要口唸「南無觀世音菩薩」，就可避過火災的傷害，這種說法漸漸傳開，許多遇到大火默唸「南無觀世音菩薩」而逃過大火的心得分享越來越多，深信不移的人也越來越多，但真是如此嗎？或許是菩薩顯靈，菩薩慈悲，以楊柳枝灑下甘露水，澆熄大火，讓持唸法號者能躲過火災的侵襲，逃過災難，不過此火非彼火，經文中所提到的火，指的並不是世間的火災傷害，而是「三毒之火」。

我們在《法華經譬喻品》也看到「三界無安，猶如火宅」，當然火宅也並不是真的當作失火的房子做解釋，經文是說在這三種世界裡，慾界、色界、無色界，常有熾盛的火焰在燃燒，不斷侵蝕人心，一不注意，則會被火焰所吞沒，陷入火海中，這裡的火，就是「三毒之火」，貪火、嗔火、慾火等，精神上的火焰是如此厲害，三毒之火均會將我們的慧命燒毀滅盡，讓無法抵抗的人陷入火海之中，沉溺於其中，久久無法自拔。

因此在「設入大火，火不能燒」裡，就是要大家常唸觀世音菩薩的佛號，休養心性，讓自身平靜，在精神上達到遇事不亂、心如止水的境地，則能在三毒之火來臨時，猶如在那焰焰熾燃大火當中，投入冷水一樣，迷惑之火一時告滅，不再受三毒之火的危害。

所以以後遇到火災時，千萬別再誤解經文的意思，只是口唸「南無觀世音菩薩」，似是臨危不亂，認為只要口持佛號，即火不能燒的錯誤觀念，還是要依正常程序躲避火災，不然屆時大火燒身，可不要怪經書寫的不對喔！

【朝聞道，夕可死矣】

求學時，大家一定有印象，在《論語，里仁》中，至聖先師孔子說過一句話：「朝聞道，夕可死矣。」於是很多人都開玩笑，只要早上知道了道理，就算晚上離開人世也不遺憾了，就像是「聽君一席話，勝讀十年書」一般，把這個道理，解釋為知識，事實上這裡的「道」，指的是「宇宙的真理」。

《莊子天運篇》寫道，當時孔子五十一歲而沒有聽過大道，於是南行拜見老子，老子見到孔子驚訝的問：「你不是北方的賢者嗎？你已經悟解大道了嗎？」

孔子告訴老子：「到現在都還沒有悟解。」

老子又問：「你是怎麼去尋求大道的呢？」

孔子回答：「我從制度上去追尋，五年了，還是沒有求得大道。」

老子淡定的繼續問：「那麼之後你又怎麼去尋求大道呢？」

孔子無奈的說：「之後我就由陰陽之間的道理去深究，過了十二年，還是沒有求得大道。」

說著說著，兩位勝賢就開始討論大道，而孔子以「仁義」為本，闡述自己的想法，老子則告訴孔子：「飛揚的糠屑進入眼睛，會使人們暈頭轉向，感到天地四方都改變了方位，而蚊虻叮咬了皮膚，會讓整個晚上都難以入眠，仁義能損害人的本性，使人們的思想疑惑混亂，沒有比這更大的禍害了，多希望天下百姓不再喪失最基本的純樸本質，效仿風那樣隨順擺動，以道的本質德性去處事，一切順乎自然規律，又何必吃力地背著大鼓去尋找迷失的小孩呢？」

老子又繼續說：「白色的天鵝不需要天天沐浴，白色的羽毛自然潔白，而烏鴉也不是天天染黑才變成黑的，黑白的本質，不能分辨好壞，所以不能說白的比黑的好，若用仁義去分辨善惡，就是犯了這樣一個錯誤，黑與白都是樸實天然，不可以此斷定優劣美醜，儘管擁有華麗的外表，亦不可保證內在也同樣優秀。」

最後老子告訴孔子：「倘若泉水乾涸了，魚兒相互依偎在陸地上，不停大口呼氣，只為換來一點濕氣，吐著口沫保持潤濕，辛苦的維持生命，還不如將過去在江湖裡的生活徹底忘懷。」

孔子拜別了老子，回家後三天不說一句話。弟子見老師如此沉默，好奇的問孔子：「老師，您去見老子時，用什麼道裡去教導他呢？」

孔子搖搖頭說：「我看見龍了，龍順著陰陽變化無窮，我只能張著嘴巴，連話都說不出來，怎麼還談得上教導他呢？」

孔子認為老子已經得了自然之道，變化無窮，面對一個得道的人，任何的話都是多餘的，如果只是執著後天有形有質的道理，如何能窺得龍的一鱗一爪呢？

或許之後孔子有感而發說出了「五十而知天命」，在與老子交談後，孔子深深了解「道」的意義，也就是宇宙的真理，**人最原始的本質**，而非孔子幾十年來參研出的人道，所以才感嘆的說：「朝聞道，夕可死矣。」只要明白了宇宙的真理，即使離開人世，也毫無遺憾了。

文中的「道」，指的是什麼？簡單來說，就是人們的佛性、本性、天道真理，最原始純樸的那顆心，不曾受到污染而純真善良的本質，這個世間就像一個大染缸，人們就像旅客，在其間停留，許多的名利薰心、仇恨鬥爭不停產生，於是我們在不知不覺中開始犯下罪業，在家族中，在職場中，乃至於政治中，一幕幕爭權奪利的戲碼持續上演，卻忘了回歸本我，滄海一粟，人生是如此短暫，當我們的旅途結束後，還剩下些什麼？萬般帶不走，唯有業隨身，只能繼續在世間不停的輪迴，不停的向下沉淪。

【何謂天眼】

常聽某人說自己有天眼通，能看到無形的靈界，或是神界，變化萬千，非常神奇，令旁人嘖嘖稱奇，然而每個人看到的影像、世界，程度各有不同，但大多數的人屬於陰陽眼，而非天眼，陰陽眼可能是與生俱來，天生就能看見另一個世界，或是因為某種因緣而得到，這和天眼有很大的差異，**天眼必須透過修練而成**，經過不斷的精進，漸漸產生，絕非天生具有的。

人的眼睛依等級可區分為五種，即肉眼、天眼、慧眼、法眼、佛眼，總稱為「五眼」，代表一個人修行的境界。

肉眼

肉眼就是我們一般人的眼睛，可看見一切色身，一切有形的物質，可以看見眼睛所視之前面，卻看不到後面，如看見一個人的正面，看不到他的背面，除非我們走到他的背後才能看見，嚴格來說，眼睛看到的還是前面，肉眼也只能看見近的物體，太遠的地方我們無法視之，故有望遠鏡的發明，太小的物體我們也看不見，所以必須藉助放大鏡或顯微鏡，肉眼就是我們最正常、最普通的眼睛。

天眼

這是肉眼的下一個等級，也是最多人聲稱擁有的神通，而所謂天眼，即可看見無形的鬼、神，能夠窺探六道，可以看見天地萬物，不受白天、黑夜的影響，無論明暗、遠近皆可視之，大如山嶽河川，小如細菌沙粒，皆清晰可見，為色界天人所有，凡人若修禪定，可得天眼，除此之外，天眼亦能見物體之前後，如具備天眼者，立於一房屋前，無需移動自身，即能看見房屋之前後全貌，以現在的用語來說，就是全3D景象，非常的奧妙神奇。

慧眼

慧眼顧名思義，就是智慧之眼，謂二乘之人，照見無相真空之理之智慧，為空諦一切智，天眼所能看見的，慧眼皆可視之，而慧眼更高的能力，就是可以看見人心，我們常說「知人知面不知心」，所以「人心叵測」，但對慧眼而言，這是不成立的，慧眼能看到人的起心動念，一個想法，一個思維，均在眼下，故見人之心思，即可辨其之善惡，在慧眼底下，躲也躲不過，因此慧眼的另一個形容詞，就是「他心通」，無需見其人，觀其行，只要一眼視之，即知是非善惡，此為阿羅漢的境界。

法眼

法眼除了具備慧眼的所有能力外，更具有看透一個人前世今生的能力，這是菩薩的眼睛，為普度眾生照見一切法門之智慧，為假諦道種，能夠知道人的過去以及未來，清楚明瞭每個人因果輪迴，業力果報的因緣，所以在菩薩眼底，可以知道我們過去累世的業力和累世的功德，以及我們今生的所作所為，一切都無所遁形，所以法眼又稱為「宿命通」，能夠了解看透六道眾生，前世今生以及未來之事。

佛眼

佛眼是佛的眼睛，是五眼中最高的境界，見智度論三十三天，大乘義章二十本，為中諦一切種智，具有上述四種眼睛的所有能力，佛眼更能分辨真善、偽善、真惡、假惡的能力，這和菩薩的法眼有什麼差別呢？佛眼更相信真理，不會有所矇蔽，沒有任何懷疑，一個人心存正念，多有行善助人，但不一定就是真善，一個人做盡惡事，心術不正，但並非就是真惡，善惡之間，存有真理，菩薩對人的善惡行為有所質疑時，皆以慈悲心待之，然佛眼通曉真理，洞悉一切，如如不動，不為任何事物動心。

【好死與歹死】

每個人都必須經歷生、老、病、死的過程，「死」是生命的盡頭，或是另一個開始，是最富有神秘色彩的話題，過去許多人在這方面努力，有人追求長生不老，避開死的過程，有人則努力修練，希望死後可以往生極樂，死亡到底可不可怕？依據不同的族群，不同的地域，有著不同的觀念，但不管在什麼地方，我們都會聽到人說「某人死得好慘啊，真是歹死」，或者「他走得很安祥，是好死」，聽起來似乎很合理，但「好」與「歹」兩種不同的死法，實非一般人的見解。

【非看死狀】

在修行人的眼中，所謂**「好死」，指人離開世間後得到正果**，並非死亡時的痛苦指數，如三國時期名將關羽，因大意失荊州，最後敗走麥城遭到埋伏斷頭身亡，死狀悽慘，南宋大將岳飛，領十二道金牌班師回朝，最終以「莫須有」之罪名被賜死，兩人在離開世間時，均承受著痛苦折磨，屬於橫死，而世人眼中，也稱他們為歹死，但他們其實是好死，因為往生後都得到果位，也受後人推崇，蓋廟禮拜。如果有人走得很輕鬆，如在睡夢中離去人間，無聲無息，毫無痛苦，這只是肉體上的好死，而非靈魂得到解脫，或許離去後的他，仍將輪迴六道，繼續受輪迴之苦。

【身體柔軟不代表得道成正果】

也有許多人依據往生者的身體，是柔軟還是僵硬，來判斷是好死或是歹死，其實身體的柔軟度與個人的修行、品德無關，主要是往生者臨走時的心情，心中是否有煩惱，是否有罣礙，是否憤怒或帶著恨有關，如果走時放下一切，不掛念陽世間的凡人俗事，心情非常平靜，當然身體自然柔軟，反之走時心中帶著怨念，帶著許多煩惱與仇恨，我們就會發現往生者的身體相當僵硬，當死亡的剎那，如果能夠得到助唸、禱告、開示，死者比較容易放鬆無罣礙，身體會柔軟許多。

有些宗教特別強調，認為身體越是柔軟，則代表好死，是得道的象徵，能夠往生西方，到達天堂，當然事實並非如此，而是往生者因為有宗教信仰，對自己崇敬的神佛充滿信任，所以離開人世時心中平和安祥，沒有掛念，**故身體自然呈柔軟狀，並不是真的已得道修成正果的象徵。**

【償還業力】

在我們記憶中，許多人在死亡前，會經歷諸多病痛，這是一種病業，為的是償還前世今生的因果業力，雖然很痛苦，讓人很不捨，卻是一種還債的方式，所以沒有病業的人，不代表修得好，有病業的人，只是在加速還業，可別以為紅光滿面，終身無病者，就是得道高人，這是錯誤的觀念，即使至善之人，品德高尚之人，也難逃病業的糾纏。

一貫道裡受敬重的十八祖師夫人，孫師母，在《天道鉤沉第十五章一貫真傳第十六節》中記載，孫師母幾經周折來到台灣，隱居於台中雙十路，鮮少見客，晚年時患了中風，不良於行，最後病逝，孫師母的品德修行受人尊敬，最後也難逃因果業力的反撲，但怎能因為生病，就斷定孫夫人修得不好呢？《大藏經第四冊佛說興起行經》中提到釋迦牟尼佛頭痛、骨節疼痛、脊痛，受病痛折磨，然釋迦牟尼佛回答：「雖有功德，猶不免於宿緣。」即使如釋尊如此偉大，也要受到業力的果報，難道因為生病，就認為釋尊的修行不夠嗎？釋尊座下神通第一的目犍連，在弘法途中，路經伊私闍梨山下，被當時的裸形外道挑戰，以雨點般的亂石攻擊目犍連，然目犍連不願抵抗，任憑肉身被打成肉醬慘死，看來非常痛苦，不是目犍連的神通之力無法抵禦，而是祂早已預知**這場劫難是業力造成**，祂不願以神通力逃避災難，因為逃避了這世，也逃不過下輩子，業力若不能化解掉，祂就不能了脫生死，還要繼續承受因果輪迴的痛苦，過去祂曾補魚殺生無數，此劫是了結業力的最好方式。

世間人都會受到業力的討債，而在往生前，更容易加速這個過程，修行者追求的是好死，希望在離去後可以不再輪迴，既然想要了脫生死，當然要償還業力，把過去的債還清，而面對病業，應該要有正面積極的態度，清楚知道因果關係，不該滿心憂慮，垂頭喪氣，所謂身苦心不苦，勇敢承受病痛，才有機會消除業力，得到好死，真正的在離去後往生極樂。

【你燒的金紙，往生者能否收到】

每逢過年過節，或是神佛壽誕時，常會見到許多信眾燒金紙感恩答謝，或是有喪事時也會見到喪家燒紙錢給往生者，平常我們所稱的燒金紙是包括金紙或冥紙，燒金紙是中國道教對神佛恭敬，和對往生者照顧奉養，深遠追思的傳統，而金紙的由來為何，現今實難以考究，但民間流傳許多故事，其中一個是關於東漢末年的蔡倫。

中國有四大發明，指南針、印刷術、造紙術、火藥，而蔡倫造紙更是創時代的發明，當初發明紙張後，大多只有讀書人在使用，生意並不好，而剩下的紙張，蔡倫並不想任其浪費，於是與妻子商量一計，假裝詐死躲於棺材內，並讓妻子在棺材前焚燒紙錢，大聲哭泣，此舉引來親朋好友、左右鄰居的好奇，相繼前來詢問關切，蔡倫妻均告知：「此為陰間使用之錢財，盼望蔡倫在陰曹地府能用這些錢財買通閻王，讓閻王可以放蔡倫一馬，回到陽間。」說罷，繼續嚎啕大哭，數日後，蔡倫裝勢由陰間返回，並聲稱：「還好有妻子燒此紙錢助我，閻王看我過去做過許多善事，加上獻給閻王不少錢財，才得以返回陽間，與家人團聚。」聞此訊者，無不嘖嘖稱奇，於是燒紙錢的神奇功能，就這樣在民間傳開，凡辦喪事者，皆紛紛前來向蔡倫購買紙錢，當然喪家在燒完紙錢後，始終不見親人復活，前來詢問蔡倫，蔡倫則答：「雖然往生者並沒有回魂，但是你所燒的紙錢，也讓你的親人在陰間獲得財富，至少在那邊可以過更好的生活。」之後大家寧可信其有，不可信其無，燒紙錢也漸漸成為一種不可或缺的儀式，隨著時間變遷，民間流傳的金紙也開始不斷創新、改變，貼上金箔，為金紙，用以供奉神佛，代表恭敬虔誠的心，貼上銀箔，為銀紙，以之供養往生者，表達慎終追遠，對往生者的奉養。

【你燒的紙錢，往生者能否收到】

每逢清明時節，大家忙著祭祖掃墓，懷念往生者，不管在墓地或是靈骨塔，都可以看到很多人焚燒紙錢，然而這些紙錢，往生者是否真能收到，亦或最終只是化為一堆灰燼？

根據我多年為眾生服務的經驗，這些紙錢並不是這麼容易順利就能送達給往生者，原因何在？因為靈界也是一個弱肉強食的世界，彼此你爭我奪，強者取之，所以所燒金紙往往被較為兇悍惡霸的好兄弟搶走。記得我第一次為人辦法事時，三太子告訴我需要燒哪些紙錢，其中有給天兵天將、陰兵陰將以及被超度的往生者，共計三份。

我好奇的問：「這次辦的是超度法會，紙錢不都應該給往生者嗎？怎麼還要給天兵天將、陰兵陰將？」

三太子回答：「這就是人間不了解的地方，妳把紙錢燒掉後，它不過是一團灰燼，必須經過神明的轉換，並交由天兵天將、陰兵陰將，讓紙錢能安全順利的送達給往生者，所以過程需要經過神明和許多兵將的幫助，因此當然也要答謝祂們啊！」當時我才恍然大悟，原來不是我們隨時隨地想燒紙錢給神明或往生者祂們都能收得到，而是必須經過神明或是陰差的轉換和安全的護送，才可以把你想要供奉的紙錢順利讓對方收到。

在華人的世界裡，信奉道教的民眾皆會依照習俗焚燒金紙，但民間流傳的金紙種類繁多，不同國家、地區，就有不同的材質、樣式，千變萬化，名稱各異，去過大陸的人可以知道，內地的金紙就與台灣不盡相同，即使在台灣，南、北部也有所差異，更遑論某些宮廟還有專屬的金紙，只供奉給特定的神明，前陣子環保意識抬頭，現代化的環保金紙也紛紛問世，這些林林總總的金紙加起來，確實多如牛毛，不過仔細想想，這些金紙都能使用嗎？無論是供養神佛或是祭祀往生者，祂們真的一概接受嗎？實則不然，所有的金紙都是需要經過天界認證、許可，並非每種金紙都是被承認的，因此你燒的金紙若是沒有被靈界接受，只能說是白忙一場，毫無效用。

道教經過數千年的傳承，焚燒金紙的儀式淵遠流長，經過不斷的變遷與演化，金紙種類越來越多，造成靈界的困擾，金紙到了那裡就像貨幣，不同的貨幣充斥在靈界，哪種可以被使用，哪種被承認，每種貨幣之間又該如何兌換？靈界、天界跟凡間一樣，也是一個法治社會，受到管理的世界，我們這裡每個國家都有各國專屬發行的貨幣，也必須讓其他國家承認，並且有匯率以及兌換方式，若不被認同，則被稱之為假鈔，如同廢紙，在靈界也是一樣，看著凡間演變出各種金紙，靈界貨幣大亂，於是天庭眾神召開大會，制訂貨幣條例，就像人間一樣，明訂哪種金紙是被接受的，在靈界是可以通用的，於是類似中央銀行，專門管制靈界貨幣的機構就此成立，或有人稱之為冥都銀行，舉凡各種凡間所燒金紙的認證都要經過這裡，而對於每種金紙間的兌換也都制訂規則，並降下旨意給凡間的通靈者、道士、法師，明確告知哪些金紙可以使用，哪些金紙是靈界所承認的。

記得有一次辦法會時，我想使用環保金紙，怎知三太子卻告訴我不能使用，於是問道：「為何不能用呢？」三太子告訴我，金紙的使用是需要經過天庭的允許，每種金紙都有其功能及意義，不但不能亂用，更不能隨便製作，我又繼續詢問三太子：「如今時代在改變，金紙也會不停演化，那麼如何才能使用新的金紙呢？」三太子說：「當然上天也會體察民情，順應潮流，新的金紙能否使用，需等待時機，只要時間一到，自然會有奉承天命之人，開壇與上天溝通，完成新興金紙的認證，到時候經過認證的金紙，就可以使用了，不過在此之前，使用未經認證的金紙可能效果不大。」

所以由此可知，並非市面上各類金紙均可使用，假設任何一種金紙皆可使用，那麼大家何需購買金紙，只要利用現代化設備，稍微設計一下，也可以在家自己動手做金紙，當然這與印假鈔無異，是不被靈界所承認的，那麼要如何判定何種金紙可用？一般只要是大家通用已久的金紙大多可用，如遇上較為不熟識的金紙，則可於焚燒前擲筊詢問神明，取得同意後再行焚燒，如此才不會徒勞無功，讓你的心意化為烏有。

天界有慾界、色界、無色界，慾界有六天，在人間全球各地，無論道教、佛教，大大小小各種寺廟、神壇、道場所拜的神明、佛祖、菩薩、媽祖、王母娘娘，都不是本尊，是接受派令進駐到寺廟，祂們居住在六慾天的第一天即四大天王天，和第二天即忉利天，這兩天為地居天，是最接近地球的兩層天，幾乎跟我們人類在同一空間，但是不同頻率，不同時空，屬於不同的世界，但也因為最接近地球，因此長相、生活習慣，也最接近我們，所以神明接受燒金紙當作一種貨幣來使用，故敬神、拜神皆可使用傳統金紙，以此來供奉神明，表達心中的虔誠。

常見許多喪家為了讓往生親人能在陰間過好日子，會燒很多紙錢的金銀財寶、房子、車子、洋房別墅、農場、信用卡、金融卡、男傭女傭、智慧型手機等等，他們的孝心很讓人感動，但是這些東西往生者能否收到呢？菩薩曾經笑笑的回答說：「當然不可能，若世人燒什麼，地府就必須照盤全收，那豈不是地府的陰差、神佛都必須聽命於陽間的任何人，地府也是一個有法制的世界，有種種條文規定，陰間的人能得到多少陽間的物品財寶，是必須根據往生者在世時有多少福德，福德越多，能得到的就越多，福德不夠，則多餘的物品就會充公，歸入國庫。」由此可知，若想在陰間過得好生活，為自己行善佈施，累積福德才是最重要。

#【病業】

人生在世常感嘆，事事不如意，有的為財煩惱，有的為子女煩惱，有的為感情、婚姻、事業、父母、長相、小人、官司、健康等等煩惱，煩惱之事數不勝數，嚴重的則為痛苦，輕微的則是折磨擔憂，不同的階段，有不同的煩惱和擔憂，來找我論命的人形形色色，都會訴說他們的心事和痛苦煩惱，千奇百怪，種類之多可以寫成一本書，但是當他們看到我時，也常會訝異我的健康狀況，有的會憐惜我身體不佳還必須為眾生服務，有的會不懂，為什麼身為觀世音菩薩的代言人的我居然還會受病痛折磨，「鳳微閣不是有華佗師父和華佗水嗎？」我想這都是他們心裡的疑問？

【因果業力的牽引】

是的，鳳微閣有華佗師父和華佗水，也有無形針灸、推拿、開刀等本領，但為何仍須受病痛折磨？理解真理佛法的人可以明白，人是有因果的，人是有「善業惡業」的，我們必須承受累世善業惡業的因果輪迴投胎到這世上，不同的業力會有不同的喜樂和折磨，善業為喜樂，惡業為折磨，在人的命盤，即可很明顯看出該人的業力所在，如以夫妻宮觀之，有的人就是可以娶到漂亮的老婆、得到賢妻，或是嫁給好老公，一輩子恩愛到老，有的卻是凶星眾多，夫妻感情一定破敗，同床異夢，各自為政，這就是受業力牽引的因果報應，我雖身為神明代言人，但畢竟是凡人，也會受報於因果業力，自小我就體虛，但無任何大病，中年過後，因工作忙碌，沒有好好照顧身體才開始病倒，我用所學二十餘年的命理知識去推算，發現不論是紫微斗數、子平八字、手面相、姓名學或是占星卜卦，都一致可以看出我的身體受困，必須遭到折磨，甚至有病亡之相，記得二〇〇六年菩薩告訴我，我將有一大劫難，難以避開，可能會造成生命危險，因此祂幫我安排了一個生辰八字，要我以後就用這個八字過生日，並大肆慶賀，昭告天地，才能度過此關，當年我真的因病要往生，群醫束手無策，因為他們根本查不出病因，但在母娘、菩薩的細心照顧下，我逐漸康復，但這場病也讓我一年暴瘦20公斤，幾乎成為紙片人。

經過這幾年的調養，華佗水沒有斷過，體重增加許多，就像一般正常人的重量，雖然我是替神明服務，**但我不是神明，一樣要受生老病死、輪迴之苦**，只是我有幸能很接近神佛，成為代言人，加上我百分百的虔誠心，拋棄所有俗物，專心聽從神佛的指示，盡心盡力完成每項工作，在鳳微閣有困難時，我也不顧一切傾囊相助，完全不考慮個人健康及財務困難，無論出錢、出力，都是毫無保留的支持，我想神佛也看在眼裡，才會一直在我身邊照顧我，因此至誠的心，至誠的行動，才能感動神佛，並非所有神佛代言者，或是傳道者，都會受到神佛的特別眷顧，如果沒有遵照神佛的指示去做，端正自己的人品、遠離物質享受、努力奮發精進，和無私的奉獻，神佛是會棄你而去，離開你的。

常聽身為乩身或傳道士，如神父、牧師、法師、點傳師等，因不守規矩，而被神放棄，乩身者會因無「正神」指導，無法替天行道，服務眾生，甚至裝神弄鬼，欺騙世人，傳道者亦如此，若一旦神佛離去，則再大的廟宇，空有富麗堂皇的建築，豪華氣派的擺設，一樣不會被神佛接納。

【受苦就是消業】

自古以來，許多受尊敬的大師，也需承受病痛的折磨，和面臨死亡的時候，如近代的星雲法師、聖嚴法師、達賴喇嘛、天主教教宗，也會受到病痛的折磨，難道神佛不眷顧他們嗎？當然不是，只因即使是德高望重的偉人、聖人，仍在輪迴之中，他們也是凡人的肉體，也要受業力的果報，再談全世界人人尊崇的釋迦摩尼佛，我們佛教的教主，信仰人數千千萬萬，每當人們遇到阻礙困難、疾病、不如意時，都會跪地祈求佛祖大顯神威，大發慈悲，藉此能保佑度過難關，但很少人知道，佛祖在世時，所受的病痛折磨也不少，〈大藏經〉第四冊、〈佛說興起行經〉第五卷內皆有記載。

佛說興起行經 第五卷

舍利弗自華座起，整衣服向佛叉手，試問世尊言：「世尊無事不見，無事不聞，無事不知。眾惡滅盡，諸善普備，一切眾生皆欲渡之。世尊今何故現有殘業？願佛自說此緣，使天人眾生聞者開解。以和因緣孫陀利來誹謗？以何因緣奢彌跋來誹謗？以何因緣世尊頭痛？以何因緣世尊骨節疼痛？以和因緣世尊脊痛？」佛語舍利弗：「汝觀如來眾惡皆盡，諸善普備，能渡天龍鬼神帝王臣民，皆使得渡無為安樂。雖有功德仍不免於宿緣，況復愚冥未得道者。」

由此可知，尊貴如釋尊，也必須經歷業力果報，遭受累世一切之無量劫難，欠人的，必須一切還清才能成佛，如來在未成佛前，曾於五百世為忍辱仙人（金剛經），也受記於燃燈佛，經過不斷的輪迴，才進入四聖諦的菩薩道，成為菩薩還可以有些微的業力存在，但若要成佛，就不能有一絲一毫的業力，釋尊當時已是菩薩，本不需投胎人間受輪迴之苦，但為了盡消所有業力，決定投胎人世，償還所有業力，為了再次入世的準備，釋尊於「兜率天補處菩薩」

處修行，並傳道講法，在該處千年，直到把所有的業力、人事安排完成，聚集一起，集體投胎下凡，就因為要在人間消除業力，所以釋尊承受了許多污辱、謾罵、病痛、折磨，釋尊的出世，經過詳細特別的安排，非經過一般人的投胎過程來到凡間，釋尊無需喝孟婆湯，祂非常清楚自己這一世的任務和使命，所以才能有堅強的毅力和信念，可以排除萬難最終苦修得道成佛。

【病業緣起殺生】

我們人一生會犯許多錯誤，有大錯、小錯，有大罪、小罪，不同的罪業，會有不同的輪迴業力，如前述，有人受錢關、情關、車關、小人關、事業關、病關、家庭關等林林總總各類關卡，而病業最重要的起因是來自於殺生，分有多種不同類型：

1．殺人致死為之最。

2．自殺，殺死自己亦必須受到懲罰。

3．殺害畜牲、禽獸、水底生物。

4．殺死昆蟲，如蟑螂、螞蟻、蚊子。

5．不當使用藥劑，過度濫用殺蟲劑、農藥、化學藥劑，或未完善處理污水，間接傷害他人之健康。

6．為人治病者因大意疏忽，或未盡職責致人於死。

7．吃三不淨肉。食我所殺之肉、食為我所殺之肉、所食之肉已聞其屠殺之聲。

殺生種類繁多，無法一一列舉，但凡對人體、生命有威脅均屬殺生。

人生在世，皆會在無意間，或多或少犯下殺生的錯誤，因此在輪迴的過程中，也有會受到一些病痛或折磨，總之為人處世應該守規矩，不犯法，沒有惡念，就不會製造那麼多惡業。

病業雖大多數來自於業力的牽引，但也有部分來自於自己不正常的生活起居，沒有好好照顧自己的身體，過度傷害自己的健康，而導致的病痛，不管是屬於哪一方面造成的疾病，一旦有了病痛，一定要先到醫院做檢查，切不可過於迷信，到處求神治病，應先接受專業醫師的治療，千萬不要把所有的病痛都當作是業力的糾纏，反而延誤了就醫的時機，造成病情惡化的結果。

【果報輪迴】

常常大家都有所遺憾，好人不得善終，惡人卻坐享富貴，不禁感嘆，天理何在，事實上，每個人皆有前世因果、冤親債主，雖然這世積德行善，累積福報，**可是並未還給冤親債主**自己所欠下的業力，往往就像顆不定時炸彈，帶來了許多困擾及災難，這就是為什麼好人未得好報，因為忘了還累世所欠下的業力，而作惡多端的人，卻能享盡榮華富貴，是因為累積的福報尚未用完。以下有一篇關於因果輪迴的傳說故事，請大家參考。

【紅衣老人的復仇】

元朝時，有位叫做方克勤的人，某天他想要重造祖墳，到處尋找合適的地方，經人指點後，找到一塊風水寶地，有山有水，風景宜人，於是決定將祖先的骨骸埋葬於此，在找好工人，選定動土時辰的當晚，做了一個很奇怪的夢。

夢境中一位身穿紅衣的老人緩緩走到方克勤面前。

「你是誰？」方克勤問。

紅衣老人回答：「我是常久住在你選定重造祖墳的紅衣老人。」

方克勤不解：「那裡沒人住啊？那塊土地也不屬於任何人啊？」

紅衣老人說：「請你相信我，我和我的眾多子孫已在那裡長久居住，如果你一定要重造祖墳，能否請你寬限三天，三天後，我和我的子孫會搬走，屆時你再重造祖墳。」

紅衣老人深深作揖，恭敬的不斷叮嚀，希望方克勤能答應他的請求，三天後再動土，隨後化作一團煙霧，消失不見。

次日方克勤醒來後，感覺夢境是如此真實，但卻又虛幻飄渺，但夢境中的事怎能當真，況且時辰及工人都已選定，仍一意孤行，決定按照原定計畫，破土動工。

在挖掘的過程中，工人們發現地下有數個手腕粗的洞穴，越挖越多，甚是奇怪，正在疑惑時，突然從中湧出數百條紅色小蛇，工人們嚇了一跳，隨即點燃火把，將紅色小蛇全部燒死，總計873條，這事也讓方克勤感到驚訝。

當晚，方克勤又夢見紅衣老人，只見紅衣老人滿臉淚水，充滿怨恨的對他說：「我恭敬誠心的懇求你，只希望你能給我三天的時間搬遷，但你卻置之不理，令我子孫八百全部葬身火海，你滅我族，我誓要為我的子孫報仇，亦滅你族！」

夢醒後，方克勤覺得莫名其妙，但也沒有放在心上，只是一笑置之，噩夢一場罷了。到了元末明初，方克勤生下二兒子，名為方孝孺。

方孝孺舌頭尖如蛇形，雙眼炯炯有神，自小天資聰穎，好學敏捷，每日讀書之量，可達一寸的厚度，當地人都稱他為「小韓愈」，長大後拜大儒宋濂為師，成為宋濂諸弟子之冠，洪武十五年時，受到東閣大學士吳沉、楊樞的舉薦，於是明太祖朱元璋召見方孝孺，朱元璋一見到方孝孺，就發現他是一個舉止端莊、學問淵博之人，並大加讚賞是個不可多得的人才，決定用他為官，也開啟了方孝孺的仕途之路，世稱「正學先生」。

明太祖死後，方孝孺繼續輔佐明惠帝，成為朝廷重臣。當時各地藩王勢力日益增大，危及朝廷，明惠帝聽從大臣建議，決定削藩，加強中央集權，而駐守北平的燕王朱棣不服，遂以「清君側」為名，誓師「靖難」，揮軍南下，明惠帝亦不甘示弱，派兵北伐，兩軍開始一場血戰，當時討伐燕王的詔書檄文，均出自方孝孺之手，可惜明惠帝最終失敗了，方孝孺也被關進大牢裡。

即將登基稱帝的燕王朱棣，需要一份皇帝即位的詔書來詔告天下，於是找了方孝孺，希望能招降他，讓方孝孺完成這份詔書，但方孝孺忠貞不二，不滿朱棣以兵權篡位獲得天下而不答應，朱棣非常生氣，好說歹說都無法勸說他，於是將筆墨狠狠的丟在方孝孺面前，大聲說道：「這份詔書，非你寫不可！」

方孝孺接過筆墨，從容不迫的寫上「燕賊篡位」四個大字，並將筆墨丟於地上，豪邁的看著朱棣，寧死不屈的說：「要殺就殺，這詔書我絕對不會寫！」

朱棣大怒：「你不怕我滅你九族嗎？」

方孝孺毫不畏懼的回答：「滅我九族又如何？就算滅我十族，又能奈我何！」

朱棣忍無可忍，下令將方孝孺關進大牢等待處刑，並連誅其十族，而這第十族，包含師生舊故，**方孝孺也成為史上唯一被誅十族之人**，可惜一代大儒，就這樣葬身刑場。

方孝孺即是蛇王紅衣老人投胎轉世，為報滅族之仇而來，燕王朱棣所誅方孝孺十族之人數為873人，剛好與其父方克勤當時為造祖墳所燒之蛇873條相等，冥冥之中，因果輪迴，恩怨相報，實是令人不勝唏噓。

【前世今生】

由上述的故事，人前世的所作所為，不論好壞，都會報應在今生，今生的好命與歹命，也是承襲自累世的善惡行為，在我論命的過程中，有一個項目是

前世今生，很驚訝的會發現，許多論命者的家人、親友中，幾乎都有著一段前世關係，這裡指的前世，並不一定是前一世，可能是過去的某一世，而這些家人、親友間的感情好壞，都與前世相處的好壞有關，有恩就來報恩，有仇就來報仇，和諧、疼愛、爭吵、敵視，都脫離不了前世的恩怨情仇。

在唐朝貞觀年間，天台山的國清寺有兩位高僧，寒山與拾得，相傳寒山為文殊菩薩化身，拾得為普賢菩薩化身，一日他們二人在喜宴上看到一對新人正要拜堂，於是哈哈大笑說：「人生如戲，戲如人生，孫兒娶祖母，祖母嫁孫兒，前世祖孫，今生夫妻，夫疼妻，妻虐夫，報前世不孝之仇。」

旁人一聽都認為他們兩人瘋瘋癲癲，大喜之日怎會胡說八道，什麼祖孫變夫妻，真是亂七八糟，都說他們是瘋和尚，擾亂了婚禮的進行，寒山卻不以為意，說道：

六道輪迴苦，孫子娶祖母，牛羊為上座，六親鍋內煮。

女食母之肉，子打父皮鼓，顛倒出輪迴，不食眾生肉。

意思是說六道輪迴是如此辛苦，若不能了脫生死，只能繼續在裡面不停打轉，今天喜宴上的新郎、新娘，其實前世是祖孫關係，今生再度結緣，卻是夫妻，豈不有趣？今天在場的賓客，都是前世所殺的牛羊，而宴會中的佳餚，卻是前世的六親眷屬，現在反過來要被吃掉，至於喜宴上熱熱鬧鬧所敲的鼓，其鼓皮則是前世父親轉生為牛的牛皮裁製而成，輪迴如此顛倒安排，這盤中的美食，還是不要吃得好。

若不是寒山、拾得為菩薩化身，我們一般人的肉眼凡胎，怎能看到他人的前世今生，了解這因果輪迴在現實中的狀況，這故事包含著善業、惡業，也有好的因果、壞的因果，每當論命者聽完我為他們看完前世今生後，許多人都能釋懷，清楚明白自己今生為何會得到不平的待遇，或不順的人生，這都端看前世做了些什麼事，才會造就今生的際遇，所以奉勸大家在逆境中不要怨天尤人，應該明白自己的前世今生後，該還債的還債，該報恩的報恩，好好消除自己的業力，結束過去的恩怨情仇，讓業力不再跟隨。

唐朝貞觀年間還有一位聖人，就是大家耳熟能祥的六祖慧能，慧能三歲時父親去世，家中因此日漸窮困，慧能與母親相依為命，居於廣東南海縣，長大後，家中靠惠能砍柴維生。

某天慧能經過一旅店時，聽到有旅客在唸《金剛經》，突然有所感悟，於是向前詢問：「請問所唸何經？從何而得？」

旅客解釋：「這是《金剛經》，是從蘄州黃梅縣東禪寺請來的，那裡的住持五祖弘忍大師，希望有心向佛者，都能持誦此經，有天可以見到自己的自性。」

慧能聽到後，好生羨慕，也想前往親近，但是如果離去，母親將無人奉養，旅客知道慧能求法的心意，即贈與白銀十兩，讓慧能可以好好安頓母親，前往東禪寺參禮五祖弘忍大師，完成求法的心願。

日後慧能經過苦修，不斷精進，終於接下五祖的衣缽，成為六祖，並在廣州法性寺弘法三十七年，弟子無數，得道者43人，七十六歲慧能即將涅槃時，仍放不下當初那白銀十兩之恩，若不是這恩德，怎能順利走向求法之路，每想此事，感激之心油然而生，此恩若不還，此債仍生生世世的跟隨，怎能成佛，所以慧能準備好白銀十兩，置於枕下，等候債主的到來。

一日，有位壯漢來到慧能跟前，說要殺他的頭，慧能不加思考，即將頭顱伸長：「請壯漢自取。」

這壯漢拿起彎月大刀，提刀便想砍下，但連試三次，卻遲遲無法下手，似乎有所顧忌，卻又不知從何而來。

慧能見壯漢躊躇猶豫，彎月大刀連揮三次，就是砍不下來，抬起頭來對壯漢說：「我欠你的只是錢，而不是命，所以你無法下手，只是你不知道而已。」

慧能說完，就將枕下的白銀十兩給予壯漢，壯漢納悶疑惑，百思不得其解。

原來這位壯漢，就是當初贈與慧能白銀十兩那位旅客「轉世」，今生是為討債而來，六祖慧能早已俱足神通看清一切，深知此債不還，將永遠跟隨，無法了脫生死，必須再投胎，承受業力還債，所以冥冥之中，因果輪迴，總會到來。

【解冤法會】

消除業力有很多方法，誦經、佈施、義工，但是最快速、有效的方法，就是請神佛作主，舉辦解冤法會，直接針對冤親債主的要求，給予補償，如此就能消災解厄，化解業力，若業力不解，**則會生生世世跟隨著你，永無寧日**，為此很多宮廟會舉行超度法會、解冤法會，鳳微閣也奉母娘指示，每月為眾生辦理超度冤親債主的法會，就是希望能夠服務信眾，藉此消除過往的業力。

第四篇

江老師心情故事

【算命要算得準，還是算得巧】

算命到底要算得準，還是要算得巧呢？這個問題困擾了我幾十年，不論是一開始我用我所學的紫微斗數、姓名學、手面相、子平八字，或是現在我以神明代言人的方式為人通靈論命，每當我面對問事者時，這個問題又浮現了上來，有的時候確實很難掌握其中的分寸。

何謂「準」？簡單來說，就是一針見血，直指問事者的問題而斷，清楚明瞭道出問事者的疑惑，而「巧」呢？即是以巧妙的言語回答問題，藉此安定人心，說得明白一點，就是讓他聽得開心。年輕人對未來充滿幻想和期待，尤其漂亮的女生，總覺得自己會遇到一個溫柔多情的白馬王子，一起住在漂亮的房子，擁有豐富的財富並過著幸福美滿的婚姻，年輕的男生則充滿遠大的理想抱負和熱忱，認為終會闖出一片天地，締造偉大的事業，成為人中之龍，有夢有理想當然是令人讚許，可惜不是人人都是幸運兒，人生的命運早就註定好，在你未出世前，一生的劇本早已寫好，儲存在天神的資料庫中，只等你來到世間後一步一步跟著走。

再看看有些中年人面對命運的挫折，仍不服輸，依然有期盼和幻想，總認為自己尚有能力，對於事業的發展，絕不甘心受到命運的牽制，相信一定有機會可闖出一片天空，若到老年時還是毫無成就，這時有人就會收心淺隱，不再抱有幻想，漸漸走向修行路，期待來生能獲得幸福的生活，別再渾渾噩噩勞碌一輩子後，無法功成名就，也有人會將自己的希望寄託在下一代，希望「歹竹出好筍」，讓子女完成自己的雄心壯志，最後可以受到子女的庇蔭，安享老年，還有一種人不向命運低頭，不服輸，即使年齡已長，還是想要拼拼看，用最後的老本，豪賭一場，看看是否能扭轉乾坤，一飛沖天，創造自己的事業版圖，可惜世界上凡夫俗子幾佔九成，成功擁有事業一片天或幸福美滿的人居少數。

舉頭看看周邊的親朋好友，能得到豐滿財富、美滿婚姻的有幾人？再看看自己，如果你已年過五十，你目前的生活跟你年少時的期盼是否相同？也許年輕的你想要成為一個成功的商人，現在的你卻是一個小小的職員，還在為三餐奮鬥，而妳，可能年輕時有計畫的希望嫁入豪門，成為少奶奶，現相伴的卻偏偏只是一個平凡的上班族，或是小生意人，也許……，也許有太多的也許，和不成對比的現在。為人論命是我很喜歡的工作，能夠告訴一個人他一輩子的人生方向，和應該努力的目標，不論他將來成就如何，婚姻如何，既然來到人間，就一定有他應盡的義務和責任，也有他應得到的快樂和享受，只是何謂成就，何謂享受？各人看法不一，有的滿於現狀，有的憤世嫉俗，不平不滿，所以在論命的過程中，為人殷殷開導是我很重要的工作，但是遇到自以為是、自認不凡的人，只能以巧妙的言語安慰他，祝福他。

【沒有老闆命】

記得在七~八年前，有位長相清秀，打扮不錯，年約二十五歲的富家女找我問事業。三太子左看右看後，發現她的事業氣場微弱，色澤黯淡，於是慎重的告訴她：「關於事業，妳應該為人作嫁，只要安分守己找一份穩當的工作就好了，這樣也比較平順，實在不宜自行創業。」

她很不高興的撥弄頭髮，傲慢的說：「我已經是老闆了，怎麼說我不適合自行創業？」

三太子睜大眼睛笑著問她：「妳創業多久了，是自己的資金嗎？」

她語帶高傲的說：「哼，我開店做了三個月，是我爸給我的錢。」

三太子繼續問：「哦，那妳覺得這間店可以開多久，十年？還是二十年？」

「妳管我可以做幾年，反正我現在就是老闆，就算我做不好讓店倒了，我老爸也會繼續供應我資金，另創新店，總之我會一直創業當老闆！」她很不客氣的跟我槓著說。

三太子回答：「這樣啊，有個有錢的老爸真好，但不管妳老爸是誰……。」三太子語氣轉為嚴肅，很認真的告訴她：「我不會看錯，妳絕無老闆命格，這一生妳就是要為人作嫁，當別人的員工。」她聽完後立刻變臉，非常不高興。

三太子繼續說：「為人作嫁有何不好，幹嘛一定要當老闆，就算是上班族，也可以規劃自己的人生，也可以過得很精彩，不是嗎？」

她聽不下去憋著一張臭臉：「人家都說三太子算得準，我看倒不見得。」話一說完轉身就走，始終不相信，也無法接受自己沒有老闆命的論命結果。

兩年後，陪她一起來算命的朋友告訴我，她父親後來經商失敗，事業嚴重虧損，人事全非，並欠下一屁股的債，已經在跑路了，她為了要養家餬口，也只好找個兩萬五的工作謀生，昔日的大小姐，為五斗米折腰，心性改變，不再趾高氣昂，非常自閉、自卑。

現在我自我檢討，當時如果不要直接肯定的告訴她「沒有老闆命」，而是用巧妙的言語哄她：「妳並非沒有老闆命，其實妳可以當老闆，只是開創事業會很辛苦，不過總有苦盡甘來的一天，所以如果可以的話，為人作嫁會比較輕鬆，也不用面對這麼多失敗和挫折。」或許這樣她會開心的離去，而不是擺著臭臉給我看，但是我又怕她只聽進去「可以當老闆」這句話，就會無止盡的一而再、再而三的不停投資下去，造成損失慘重的結果，如若善意的謊言可以幫助該人，當然可行，但「不當的善意謊言」可會造成該人的傷害，則萬萬不可行，因此雖然我算得準，但不夠巧，這中間的拿捏我還在摸索中，沒能夠幫助她，我心裡一直耿耿於懷，很是難過。

【成功的牙醫】

有位穿著普通、長得白白淨淨的中年男士，非常客氣有禮，來我這裡問事業，三太子看他氣場發亮就說：「你的事業很順遂，而且一路往上爬，目前已經到了一個很高的地位。」

他謙虛的說：「沒什麼，沒什麼，我真的沒什麼。」

三太子又看了他一下，笑笑的說：「依據你的命格，事業發展方面，應該要走技術路線，如果是的話，你絕不是泛泛之輩。」

聽完，他很驚訝，告訴三太子：「我是牙醫師，自己開診所。」

三太子：「那很好啊，非常適合你，你本身就有老闆命，下面應該有很多員工，除此之外，在社會上也有一定的地位，坦白告訴我喔，因為看你的格局，絕不會僅是一個簡單的個人診所，一定有一個類似公司行號龐大的事業體，擁有一定的規模和制度，對嗎？」

他微微一笑，靦腆的說：「三太子，祢真厲害，好多事情都說中了，但其實我覺得自己也沒什麼了不起，社會地位也還好，我是牙醫公會的理事，常會帶團去偏遠地區義診，想盡自己的能力做些善事而已。」

三太子繼續追問：「那你診所的員工人數呢？」

他搔搔頭回答：「真的沒多少啦，大概有12位醫生和15位護士，以及一些行政人員，這樣算多嗎？」

三太子雙手一拍：「果然吧，在台灣有幾個牙醫診所的規模能如此之大，這樣的事業還不算成功嗎？最可喜的是，往後你的事業只有往上，不會走下坡，但是你要切記，這是老天給你的恩惠，賺了錢要回饋社會，幫助貧困的人，義診也要持續，你越去行善佈施，事業就會越發達，可以幫助的人就越多。」

他猛點頭說：「我很感恩，所以行善也是我重要的工作之一，現在行醫已經不是為了賺錢，而是為了服務大眾，以及提供工作機會給沒有能力自行開立診所的學弟們，藉此好好照顧他們。」三太子一邊聽他的敘述，一邊讚揚他的慈悲心，彼此相談甚歡，最後他也高高興興的離開，並承諾一定會繼續行善，用自己的專業和力量去幫助更多人。

兩年後，我的牙齒有些問題想找他治療，到了他的診所，才發現那裡宛如一個六星級設備的牙科專門醫院，一進大廳就感到很舒適，分為等待區和治療區，兩區是以電動門隔開，而且有管制，不能隨便出入，非常注重病患的個人隱私，且在治療區內都是獨立診間，有專門的醫生看診，且置有專屬螢幕，可以看到自己牙齒的狀況，整體就像個人貴賓室一樣，在裡面痛得哇哇叫，也不會被外面的人看到，而我接受的治療需要雷射儀器，據說全台灣只有三台，很幸運他這裡有一台，也免去了許多治療的麻煩，端看他目前診所的狀況，似乎比他之前來鳳微閣時更好了，因為當時他就發願固定捐棺和急難救助給華玄功德會，並供養道場，他的誠心，感動天地，我想老天拉了他一把，讓他的事業繼續向上爬，使得他得到今天的成果，也更有能力可以幫助更多人了。

這是一個很愉快的論命案例，我不需要有心理的掙扎，講些巧妙言語，只要按照他的命格直斷即可。

【無夫命格　難以成婚】

一個年齡二十出頭的女孩來問婚姻，她一臉洋溢著幸福的喜悅，滔滔不絕訴說與男朋友的甜蜜感情，和幻想未來的美滿婚姻，聽著她充滿期盼的話語，我真不知如何啟口，因為她的婚姻宮一片黯淡無光，夫星不明，且煞星聚集，屬於「無夫命格」，再看看她提供給我男朋友的照片和姓名，兩人紅線全無交集，根本難以成為連理，我心一震，唉，又是一個難以回答的問題，望著她充滿期待的眼神，我知道她所希望的答案是「你們是天生一對，夫妻恩愛到老，男人事業有成，努力工作，對妳體貼又照顧，能夠給妳幸福快樂」，我也多希望她的命格真是如此，那麼就可以直接了當痛快的給她答案，可惜啊，這對郎才女貌，終將無法步上紅毯，走入婚姻。

人生往往總是事與願違，越希望的越得不到，不想遇到的卻偏偏發生，我們總是在挫敗中漸漸學習成長，學會堅強，但是正處於甜蜜熱戀中的她，怎麼會接受這樣的事實？我正在斟酌如何告訴她，沒想到快人快語的三太子居然一語道破：「小姐，妳無夫命，妳這一生要靠自己。」她錯愕了一下，似乎聽不懂三太子的話。

我趕緊打圓場，告訴她：「妳的婚姻宮不是很光亮，目前不宜談婚姻，還是以事業為主比較好。」

她卻繼續追問：「為什麼三太子說我無夫命？」

我心裡思索了一下，覺得不可以這麼清楚明白的告訴她，因為她還年輕，她的人生才剛要開始，對未來充滿憧憬，尤其目前又處於熱戀中，什麼話也聽不進去，我只能迂迴婉轉的解釋：「無夫命的意思，就是妳不一定需要依靠男人，妳可以自立自強，可以一個人照顧一個家，男人對妳來說，只是片綠葉，妳才是自己人生的主角。」

我繼續說：「婚姻方面，妳比較適合晚婚，若早婚可能會有夫妻離異、聚少離多，或者同床異夢的情況發生。」

「那老師的意思是說我跟我男朋友目前不要談及婚嫁嗎？」她疑惑的問我。

我解釋著：「我指的是婚姻的問題以後再說。」她繼續追問：「那請問三太子，這是我的正緣嗎？」於是三太子不假思索馬上跳出來回答：「不是。」

我嚇了一大跳，馬上按住三太子，請祂暫時不要開口，因為三太子的年紀都很小，很天真可愛，看到什麼都會直接說出來，於是我偷偷告訴三太子，我知道祢很厲害，看得很透徹，但是我們不能那麼直接的把事實說給她聽。

三太子說：「可是我明明看得很清楚，他們兩人的紅線黯淡，沒有綁在一起啊！」

三太子比我們凡人厲害的地方就是可以看到人的氣場、色彩，還有儲藏在我們人身上的資料庫，藉此能夠看出一輩子的命運，不像我們凡人只能用命盤推算，兩者方式差異極大，因為同年同月同日同時生的人何其多，排出來的命盤都一模一樣，可是命運則各有不同，所以很多命理專家，都無法肯定說出一個人的運勢好壞、因果及姻緣，這也是當初我在用學術為人論命時遇到的盲點。

絕大多數的命理師，只要遇到兩個同年同月同日同時生的命盤，都要舉雙手投降，所以光靠一個人的命盤，是無法完整算出該人命運（詳細說明可參考我的著作《通靈人的通靈路》一眼看透問事者）。

聽了三太子的話，她漸漸進入沉默狀態，有些不得其解，我趕緊笑著對她說：「妳跟他目前看起來感情不錯，但個性上可能會有點不協調，妳還年輕，最好多交往幾年再說，不管他是不是妳的正緣，你們都是因為緣分而相識、相愛，都應該要珍惜這份感情，未來能否繼續走下去，要看雙方是否可以互相包容，好好的努力經營這段感情。」

她似懂非懂的點點頭說：「謝謝老師的指點，我會努力的，因為沒有他，我真的活不下去。」

之後她又問了一些瑣事，送走她後，我深深嘆了一口氣，心想又是一位癡情女子，只可惜多情總被無情傷，希望屆時她能夠接受這段感情的變化，重新振作起來，並等待正緣的到來。

【母娘的恩賜】

一個年約四十多歲的中年男子，因經商失敗，很是沮喪，由朋友帶來鳳微閣詢問事業，三太子一看到他就脫口而出：「你心情很鬱悶吧！」說著三太子就指著他的右胸口：「這裡有一股黑色的鬱卒氣。」他嚇了一跳說：「對，目前事業很不如意，請太子爺指示該何去何從。」

三太子笑呵呵瞪大眼睛，指著他的鼻子說：「踢到鐵板了吧！兩年前的你不是很風光嗎？是一個大公司老闆，旗下員工近百人，當時你走路有風，趾高氣昂，而且過廟不拜，不信命運，認為只要靠自己的能力努力，就能戰勝一切。」

他低下頭來回答：「是的，過去曾經風光過，也從不相信速宿命論，以為人定勝天，何必靠神佛，對任何宗教都嗤之以鼻，說來慚愧，我現在為躲債主，到處跑路，留下妻兒面對應付，真是痛苦和不忍。」他說著說著，眼眶泛紅，淚水打轉，表情十分黯然，繼續告訴三太子：「以前我常笑人去算命，現在卻落得到處求神問卜，看看是否還有一線生機。」

三太子說：「那麼你現在就要相信我，這樣我才能幫你化解困難。」

聽到三太子的話，他點頭如搗蒜：「太子爺，我相信祢，因為我們第一次見面，祢居然可以一眼看透我的事業狀況，懇請祢明確的告訴我，能否幫我解決當前的債務問題。」

三太子笑了一下說：「何止債務問題，我還能幫你東山再起。」

他眼睛一亮，高興的說：「真的嗎？」

三太子點了頭：「你以前的風光和目前的落魄，都是順著你的命運在走，人是無法輕易逃出命運的枷鎖，好在你兩年後還有一波好運，可以重新創業，但是波濤洶湧，困難重重，小人圍繞，若你有誠心發下誓願，向母娘祈求，讓祂答應幫你化險為夷，這樣你離成功之路就不遠了，也少讓自己和妻兒受折磨。」

他斬釘截鐵說：「我願意，只要能讓我重新站起來，只是不知道要發什麼願？」

他旁邊的友人建議他可以供養神佛，他想了想說：「我若真能東山再起，願意每年拿年收入的十分之一供養神佛。」

三太子這時告訴他：「不是我說了算，你要先去擲筊得到母娘的同意，我們才能幫你化解困難。」

於是他恭敬的走到母娘面前，虔誠的擲筊詢問母娘，結果得到三個聖杯，表示母娘也同意，但是他必須還要做到每月回來鳳微閣兩次跪拜母娘報告近況，並在事業有起色，經濟狀況好轉時，每月捐款佈施。

他欣然同意，並立下誓言。三太子說：「既然你已經立下誓言，母娘一定會幫你，但是不要忘了你自己的誓言，也千萬記住，若違背承諾，母娘能夠賜給你，就一定可以全部收回。」

兩年後，他果然得到一個很好的工作機會，被人重用提拔，開始新的創業之路，一路過關斬將，事業體越做越大，之後他也遵照所立誓言，回饋鳳微閣。

某日他帶著妻兒回來跪拜：「母娘，我真的不知該如何感謝，祢的大恩大德，我永遠銘記在心，不敢忘記，在來鳳微閣前，為躲避債主和籌錢，簡直生死不如，期間嚐盡人情冷暖，若不是掛念家人，我早就跳樓輕生。」不知不覺中已痛哭流涕，淚流滿面，誠心磕著頭感恩母娘，我從中看到他的真情流露，極為感動。

他接著繼續說：「如今我不再有絕生的念頭，這幾年來在鳳微閣得到太子爺的鼓勵，讓我重拾信心，有母娘做為依靠，我不再有絕生的念頭，勇敢面對債主，但說也奇怪，本來咄咄逼人的債主，居然都和緩以待不再相逼，讓我得以喘息，再來就是奇蹟的機運，讓我目前能小有成就，債務也逐漸還清，妻兒無需日日活在恐懼中，這些都是母娘的恩賜，非常感恩。」

能幫助他重新站起來，再創事業第二春，最主要是他的誠心和一路走來遵從母娘的指示去執行，而且也遵守他的諾言，每兩個星期就來跪拜母娘，和供養神佛及行善佈施，而他本身的智慧夠、領悟力強，而且用功、認真，我只需明白確切的告訴他如何去做，而不用以巧妙的言語誘導他，對我來說這是一個沒有負擔、壓力的案例。

【婚姻陷阱】

一位打扮時尚、充滿青春氣息，年約四十多歲的中年女子帶著喜悅的心情來找我問結婚擇日，她開心的把男方照片拿給我看，那是位長相帥氣卻比她年輕十歲的男子，三太子一看就說：「哇！好俊的男人，又體貼，又溫柔，而且善於言語，妳很喜歡他，對吧？」

她害羞的低下頭：「三太子別取笑我了，我有過一次失敗的婚姻，現在老天讓我遇到這麼一位體貼的男人，真是菩薩保佑，實在非常感恩。」

三太子急著搖手說：「先別感恩，這男人真的是妳選定的人嗎？」

她點點頭：「是啊，有什麼不對嗎？」

三太子又問：「他的工作狀況如何？」

她回答：「他目前正在創業中，與朋友合夥成立一家公司，要經營珠寶生意。」

三太子聽完後又問：「合夥所需的資本是妳出的吧？」

她驚訝的看著三太子：「三太子怎麼知道，這些資本的確都是我出的，但他能力很強，我相信他應該可以成功。」

三太子繼續問：「喔，那請問合夥人是妳的朋友，還是他的朋友。」

她告訴三太子：「是他的朋友，我見過幾次面，覺得那個人正直，很有才華，所以我才放心投資。」

三太子搖搖頭說：「但是妳未來老公的財運和事業運都很弱，創業成功機率不高。」

她馬上鐵青著臉說：「三太子或許不知道，我本身是從事珠寶設計，對珠寶這行業也有涉及，而且也請問過很多專家，並收集許多資訊和知識後才決定投資的，我已經一把年紀，對金錢運用很謹慎小心，沒有十足的把握，我絕不會盲目投資。」

她停了一下，看著三太子繼續說：「我今天不是來問事業的，我只是想請祢擇日，幫我選個好日子結婚，和當天婚禮所有時辰的安排，讓他能夠對我死心塌地愛我一輩子。」

三太子聽完後再度看看照片中的男子，很嚴肅的問她：「妳真的要跟他結婚嗎？」

她語氣不悅，不耐煩的回答：「三太子，祢怎麼了，我只要祢幫我看一個好日子，讓他能對我死心塌地不劈腿即可，我當然要嫁給他，不然我來鳳微閣幹嘛？」

我看到這位中年女子臉色難看，表情僵硬，有些生氣的樣子，於是私下和三太子說：「問那麼多幹嘛，祢就幫她選個良辰吉時，讓她婚姻幸福就好了。」

但是天真的三太子幾乎用哭泣的語氣告訴我：「可是這男的已經有老婆了，我要怎麼幫她？」

這可真讓我嚇了一跳，我再偷偷問三太子：「祢說的是真的還是假的？」

三太子心急的告訴我：「我說的都是真的。」

這時我心裡一團亂，不知該如何對她說出實情，說了怕她不信，不說又怕誤了她，心裡的掙扎猶豫顯現在臉上，她似乎看到我異樣的表情，就開口問

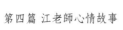

我：「老師，妳怎麼了？」

我試著冷靜下來，整理一下思緒，問了她幾個問題：「他家住在何處？有去過他家嗎？跟他家人熟嗎？」

她說：「他住在南部很偏僻的鄉下，因為交通不便，所以我沒去過，但是他弟弟我倒是見過幾次面，還算忠厚老實。」

我像聊天一樣的繼續問：「那你們結婚的時候，他的家人會不會來參加？或者是你們要到男方家辦喜宴？」

她回答：「因為我是二度婚姻，所以只是簡單的請一、兩桌好友，他雖然是第一次婚姻，但礙於我是第二春，而且他比我小十歲，因此不方便在男方家宴客，其實只要婚後恩愛就好，我並不在乎結婚儀式的型態，但是我很重視擇日，好的時辰，對婚姻是很有幫助的，對吧？」

我點點頭說：「擇日確實重要，只是我認為在結婚之前，妳應該要去拜訪他的父母、家人，也算是媳婦應盡的禮節。」

她嘆了口氣說：「其實我也跟他提過這事，他的父母對我們的婚事沒有意見，但就怕親朋好友們取笑，所以還是免了，叫我別去了。」

這時三太子聽完後，按耐不住，突然插嘴說：「妳別上他當了，他根本就是結過婚，有老婆的人！」

她先是疑惑，轉而震驚，最後惱羞成怒的說：「三太子，這怎麼可能！祢別胡說！」

三太子嘟著嘴說：「我沒有胡說，不信妳可以去查證。」

她馬上站起來，不高興的說：「江老師，我是很尊重妳的，也很尊重三太子，但是你們不應該用這種不真實的話，想要來破壞我的婚姻，我跟他同居兩年，除了出差外，他每天晚上都會回來，如果他是有老婆的人，怎麼可能天天如此呢？再說我也看過他的身分證，配偶欄是空白的，怎麼可能是個有婚姻的人呢？你們！你們！」她越說越大聲，不滿的表情表露無遺：「不準，根本不準！」說完後氣沖沖的轉頭就走，留下我和三太子一臉茫然，往後只能看她的造化了，只希望我們告訴她的事情，她能夠聽進去。

一個月後，介紹她來的朋友到鳳微閣找我，順便提起此事，她說：「我朋友非常感謝江老師和三太子的提點，若沒有這番迎頭痛擊，被愛情沖昏頭的她差點就要上了賊船，後來她經過多方查證，那男的確實有老婆，而且還有個三歲小孩，讓她毅然決然的了斷這不尋常的感情，並拿回已經投資的資金，雖然感情上受了很大的創傷，但至少保住金錢，真的實在是太驚險了。」

說著說著，這位到訪的客人拿出一個紅包給我：「這是我朋友要我代為轉達的一點點心意，感謝老師毫無保留一語道出，讓她沒有陷入絕境，也對於當天出言不遜的歉意。」

我笑著推辭：「給我紅包就不用了，能幫她是我應盡的義務，也是她的福分，其實最該感謝的是三太子，如果沒有祂的鐵口直斷，可能我也幫不上什麼忙。」

於是這紅包理所當然就變成是供養三太子的感恩答謝了。

這次論命經驗的結果，還算是圓滿，當時的她雖然非常不高興，也無法接受我說的話，甚至出言不遜，但是我並不介意，我只是將我該說的、該提示的方向都告訴她，能夠幫助她才是我為眾生服務的目的，慶幸還好最後她有聽進去，並多方查證，才沒釀成大禍，也算是她的造化好，雖然感情上受到創傷，很痛心，不過至少沒有一步步走入可怕的陷阱當中，失去的錢財也多數取回，算是不幸中的大幸，人在沉醉於愛情的喜悅中，往往會迷失自己，失去了判斷能力，常被眼前甜蜜所矇蔽，有時越美麗的事物，越幸運的事情，後面可能就藏有危機，雖然不盡於此，但也應多用智慧去分析，避免陷入不可預知的情況，她的事情算是告一段落了，人生也重新開始，只是每當三太子想起此事，都會嚷嚷說：「如果在一開始她認識這個男生時就來找我，絕對就不會發生這麼多難過的事情了。」

【那一年，追我的男孩】

最近整理舊資料，無意間翻到大學時期的生活照，看到年輕時的自己，燦爛的笑容中洋溢著青春氣息，一副天真無憂，真讓我懷念年少時光，種種回憶不斷浮現，穿越時空，彷彿看到少女情懷的自己。

我生長於一個保守嚴肅的家庭，父親是教職人員，母親是遵守三從四德的傳統女性，全心照顧家庭，由於父親的工作關係，他的生活非常規律單純，幾乎沒有社交範圍，所以我的社交圈很小，除了上學，就是待在家裡，幾乎沒有參與外界的活動，考上台北的大學後，我提著皮箱，眼眶泛紅，不捨的離開台中家鄉到北部就學，還有那隻總是一直圍繞在我身邊，陪伴我多年的小狗哈利，似懂非懂地圍繞著皮箱打轉，不解的看著我，不知道我要到哪裡去，而父母也依依不捨的送我到車站，再三叮嚀要我好好照顧自己的食、衣、住、行，第一次離開家的我，讓他們多麼放不下心。對於即將邁入大學生活，心中充滿著幻想與期待，似乎多彩多姿的青春就要開始發光，許多美好的事物就要接踵而來，雖然滿心歡喜，但這也是一個人生未知的開始，不免多少會有些徬徨和擔心。

跟著同學一起到台北註冊、報到，從此開始我離鄉背井的日子，生活上最讓我痛苦的是必須三餐外食，過去在家裡，母親都會準備好三餐，我也規矩的按時吃飯，從未外食，如今一切都變了，必須靠自己張羅三餐，到外面覓食，我本習慣規矩的吃飯和菜，如自助餐，但同學們卻喜歡各類小吃，東點一份，西點一份，他們看我那麼呆板的生活，常笑我不懂得享受，在穿著方面，我更是土到家，愛漂亮的同學都會修改制服，裙短過膝的迷你裙，上衣合身，貼得緊緊的露出曼妙身材，甚是好看，而我則是完全沒有修改，就照單全收的穿在身上，即使裙長過膝，腰身寬大，我也穿得樂呼呼，雖然我成長於台中繁華的市區，如台北的大安區，但因家庭關係，生活自小就很簡樸，所以對於物質生活，沒有多大的需求。

開學了，學校課業很重，每天八堂課，節奏緊湊，生活單調，慢慢我也適應離家的生活，遠離半夜抱著棉被想家哭泣的日子，也開始固定每星期修書回家報告生活狀況，以及閱讀父親寄來充滿惇惇教誨和關懷的家書，當時因交通和通訊不便，書信是唯一的聯繫方式，日子如此一天過一天，兩個月後，班長緊張的嚷嚷：「怎麼到現在沒有男生找我們辦迎新晚會呢？同學們，我們要自立自強，開始跟校外的男生聯絡，我們不能辜負了我們少女的青春時光啊！」班長是台北人，北一女畢業，個性活潑開朗，她真的付出行動，兩個星期後，各校邀約不斷，在那個年代，誰人不知「銘傳出美女」，台大、大同、中原等理工系與我們合辦的活動最多，此後，生活就多彩多姿，每逢週六就有舞會邀約，週日則是戶外踏青，各類聯誼，班上同學可以依興趣自由參加，我喜歡音樂，喜歡跳舞，所以最常參加舞會，當然在舞會中也會認識男生，進而開始有交往，印象最深的是一位台大心理系的學生，個子不高，溫文儒雅，談吐有內涵。

某日，他約我晚上共進晚餐，我穿著簡便，心想不過就是在附近的小吃店吃飯，也就沒特別裝扮，大約晚上六點，聽到房東呼喚我有外找，我下樓一看就是他，但他穿著高雅時尚，一身筆挺帥氣，整齊的髮型和亮晶晶的皮鞋，可以知道他是刻意打扮過，像個小大人似的，我差點不認識。

他微微一笑的說：「準備好了嗎？是不是可以出發了？我已經訂好了座位。」訂座位？幹嘛要訂座位，不就在附近吃個便餐嗎？

我對著他點點頭：「我可以了，走吧！」我想這附近他並不熟，想引導他到一家比較乾淨的小吃店，他再次對我搖搖頭：「我已經訂好座位了，是到中山北路二段的西餐廳。」

「西餐廳？」我可從來沒去過西餐廳，聽說西餐廳都是裝潢豪華漂亮的場所，都是有錢人去的地方，他只是個學生，怎麼負擔得起這樣昂貴的費用呢？記得在自由路台中公園旁有一家很高級的西餐廳，每次我從那邊經過，都會看到各式穿著時髦的男女進進出出，煞是羨慕，但從來沒有機會進去，現在他要帶我去西餐廳，我有些驚訝，學生能去西餐廳嗎？他沒等我解開心中的疑惑，對著我說：「走，我們坐車去。」我心想中山北路二段離這裡確實有段距離，於是指著公車站牌說：「我們到那裡搭車吧！」他對著我笑笑，手一揮，一部豪華氣派的黑頭車唰的一聲開到我面前，我嚇了一跳，是哪個冒失鬼擋住前路，我想繞開，卻看見駕駛座下來一位男士，彬彬有禮的走到我們面前，並打開後座車門，請我們進去，我又再度嚇了一跳，愣在那邊，不明白為什麼這位男士要我們上車，我旁邊的同學則是微微一笑，也請我上車，我一臉狐疑的看著他，這是怎麼一回事？他解釋道：「這是我的車子，這位是我的司機，放心上車吧！」

就這樣，我迷迷糊糊的上了車，這是我這輩子第一次坐私人轎車，車內乾乾淨淨，感覺高貴又典雅，柔軟的座椅伴隨輕柔的音樂，一路上讓我感覺很舒服，但老覺得心裡不踏實，似乎雲中駕霧，太過於夢幻，就在街邊風景不停的從眼裡飄過，很快的，車子就停在一家西餐廳的門口，抬頭一看，這間不就是那家很有名的牛排館，從外觀看上去，充滿著異國風情，精美的雕飾橫於門前，極像希臘神話中的場景，彷彿皇宮入口，而旁邊則是一片片黑色的落地窗，其中暗藏玄機，只有裡面可以看到外面，外面的人卻無法窺探餐廳內的擺設，神秘的感覺似乎告訴我，這不是一般老百姓可以來的地方，讓我不禁卻步。

進入餐廳後，印入眼簾的是一條華麗的大紅地毯，耳邊則傳來徐徐的管弦演奏樂，男侍者優雅的引導我們緩緩走向座位，漸漸餐廳內部的輪廓越來越清晰，雖然用餐的人很多，但是極為安靜，每個人都穿著正式服裝，與我平時在自助餐店吃飯的吵雜環境是天壤地別，完全是不同世界，再看看我自己身上一套簡樸的路邊攤牛仔褲和上衣，與這西餐廳內所有的人、事、物，簡直格格不入，就像在蔚藍的天空中出現一片烏雲一般，讓我感覺非常尷尬，我只能低頭隨著男侍者的步伐前進，大氣也不敢喘一口。

最後我們被安排在一個事先預訂好的靠窗沙發座位，隨後男侍者遞上高級的精裝菜單，對面的男同學示意我點餐，我迅速看完了一遍，心中只有一句話：「菜單上寫的到底是什麼東西？」雖然都是中文，我也都知道是牛排，只是這類別讓我完全無法理解，就像中餐裡的紅燒獅子頭，並非真的是獅子頭，而是肉丸，雪裡紅也並非真的就是雪，那餐單上的某某牛排、某某牛排，我實在不知道內容物是什麼，再看看價格，真是天價，幾乎和我一個月的生活費差不多，男同學看我一臉茫然，不知所措的表情，心裡有數，於是貼心的推薦我：「這家店的招牌是神戶牛排，吃吃看好嗎？」我也只能點點頭，欣然接受。

不久男侍者送上一排刀叉及湯匙，整整齊齊的置於桌面，餐具非常精美，閃閃發光，握柄處均有不同的裝飾，只是我心中不免一震，吃牛排需要這麼多餐具嗎？我的疑問尚未獲得解答，男侍者又陸續端出湯、沙拉、小菜等，我只能看著對面的男同學拿起哪組餐具，就跟著使用，依樣畫葫蘆，看來吃牛排還挺講究，所有餐具的用法都有規矩，還不如在自助餐店裡一雙筷子、一根湯匙來得輕鬆自在。

當我們用完前菜後，主餐牛排端了過來，我不禁疑惑，怎麼會是這麼大一塊牛肉，做菜的廚師為什麼不切好再送上來，這樣子要我怎麼吃呢？我與這間西餐廳的招牌「神戶牛排」相互對望，沉默了半天卻不知該如何下手，在當時的年代，牛排並不普遍，只有在高級餐廳及宴會中才會有的餐點，而且價格偏高，一般人很少接觸，更何況是學生，看到我尷尬的表情，男同學大概已知道我是不折不扣的土包子，於是很紳士的對我說：「試試看，這個口味不錯。」他拿起刀叉，示範給我看如何吃牛排，我看著容易，自己也模仿起來，沒想到切下去的時候居然發出牛排刀與餐盤摩擦的巨大聲響，好幾位客人都回頭看向我，牛排也因為手滑差點飛出餐盤，男侍者為此特地跑來關切，以為我不滿意這道菜，真是丟臉到一個不行，原來和生活費一樣貴的牛排實在不是一般人可以享用的。

用餐的同時，我們也開始聊天，男同學告訴我，畢業後就要到美國念書，希望能在出國前找到感情，帶著老婆一起赴美進修，我問他還是念心理系嗎？他說：「對，我不念醫學系是因為我看到世界的未來發展，心理諮商將會成為潮流，而且也會是高收入的行業。」當時我並不認同他的想法，覺得醫生才是受人尊重且高收入的行業，很可惜他沒有選擇去念醫學系，但是沒想到數十年後的今天，心理諮商儼然成為一股風氣，是受尊重也是高收入的行業，很佩服當時他的眼光如此深遠。

在談話的過程中，才知道他是來自台北天母大地主的家庭，家中經營貿易事業，生活非常優渥，但那時我從來沒有任何願景，只想好好把書念完，然後找一份穩定的工作，幫助家裡改善經濟狀況，沒有太多的想法，對於他所描述未來的美麗世界，根本從未幻想過，只記得離家時母親的叮嚀再三：「嫁丈夫要門當戶對，我們是平凡的公務人員，千萬不要找有錢人家，否則娘家會很難做人，會被瞧不起。」我謹記母親的叮嚀，對面前這位富家公子，開始失去交往的念頭，男同學不停述說著人生活著的目的，如何努力得到應得的成果，以及生活的享受等等，我聽著覺得那世界離我太遠，我只想過著平淡簡樸的生活，對豪華的人生毫無概念，也不曾奢望。

終於好不容易用完這餐拘謹的牛排，我如釋重負的離開西餐廳，走出門口，司機已經在等待，餐廳的男侍者輕快的打開後車門請我上車，我猶豫了一下，眼前看到街上炫麗而閃爍的霓虹燈，來來往往如水流般卻不擁擠的汽車，中山北路的夜景真是美麗，突然讓我想散散步，逛逛這條繁華的道路，順便整理一下思緒，我婉拒上車，並告訴男同學：「你先回去好了，我想走一走。」男同學向司機交代幾句後，也想陪我一起，就這樣我們順著中山北路，「一路向北」，夜風輕輕吹撫，路樹也跟著擺舞，深藍色的天空燃起燦爛星光，似乎與街道旁的霓虹燈互相輝映，偶爾幾隻俏皮的流浪狗從身邊穿梭，嬉戲打鬧，情境是如此的愜意，但我的思緒卻沒有因此而平靜，這一切實在太過於夢幻，好像自己就是灰姑娘，即將嫁入豪門，麻雀變鳳凰的故事馬上就會發生在自己身上，男同學仍在我身旁侃侃而談，描繪出一幅幅他的計畫和理想，最後他很認真的問我一句：「妳願意跟我到美國去嗎？」

我呆了，我告訴他：「我不知道，我從未想過這樣的未來。」

他很輕聲的回答我：「沒關係，回去後妳可以好好考慮看看，對了，下星期有空嗎？到我家來玩，順便認識我的家人。」

他的問題讓我很難招架，我手足無措的望著他，不知要如何答覆，此時正好有一部開往士林的公車停靠，我馬上說：「太晚了，我要趕快回去，以後我們有空再談論。」我像驚慌失措的小綿羊一樣，馬上跳上公車，沒想到他也快步追來，堅持要送我回去。

一路上兩人默默無語，心中各有盤算，到達我的租屋處後，男同學用誠懇的眼神對著我說：「妳一定要好好考慮我今天所說的話。」我嚇著的緊張點點頭，告訴他我會的，然後飛快的逃離現場，立即上樓回到房間，坐在書桌前的我，腦筋一片空白，久久不能自己。

他的話我並不是沒有考慮，只是腦中仍不斷傳來母親的叮嚀，「不要高攀富貴人家」，再說我對豪華的生活真的沒有幻想過，反而是簡樸單純才能讓我感到沒有壓力，之後我拒絕接他的電話，也不再見面，只是給了他一封信，告訴他：「我很敬佩你的偉大理想和計畫，也相信你一定會成功，期許你能找到與你相匹配的人，共度未來的人生，祝福你。」

放下照片後，場景拉回現實，看著這些老照片，想到過去幾十年來生活的不安定，以及多次面臨財務困頓，又聽說那位男同學在美國執業成功，成為受人尊敬的心理醫師，我靜靜沉思，許多疑問一個一個跑了出來，如果我繼續跟他聯絡，就會跟他出國進修嗎？我的生活是否就會完全不一樣了？真不知當時的決定是對還是錯？這時突然聽到仙子在我耳邊輕聲說道：「嘉葉，妳當時的決定是正確的，妳這一生背負著上天給妳的任務，必須成為神明代言人，為眾生服務，妳不是來享受人生，而是來還業，人生困頓是上天給妳的疼愛，讓妳盡快消業，並且從困頓中體悟真理，和對眾生的憐憫心、同理心，把這二心化為力量，來幫助眾生，如此才能很快的回歸本位，修成菩薩道。」

聽完仙子的話，我雙手合十，心中不再有疑問，感謝仙子的開導，我會繼續努力，也期盼今生能完成上天交付的使命。

【娶某大姐坐金交椅】

【寶媽 v.s. 汪建民】

不久前，寶媽在媒體前公開承認她和汪建民的戀情，幾年來她一直隱密這段感情的發展，是因為她認為時機尚未成熟，和必須面對社會種種輿論壓力，所以寶媽始終小心翼翼的保護這段感情，但壓力來自何處？只因女大於男？寶媽比汪建民大十二歲，且過去經歷過兩段婚姻，而汪建民年輕力壯，照理說，汪的理想伴侶應該是年輕妹妹，但感情的事情很難用常理來衡量，沒有一定的標準，只要找對了人，兩情相悅，又何必在乎世俗的眼光，寶媽和汪建民不僅勇敢的承認這段戀情，坦然面對媒體，同時寶媽也強調：「只有這個人能照顧我，不管我歡喜悲傷、成功挫折、生活所需，都是他在照顧我，陪伴我。」這句話，真的說到許多單身失婚女性的心裡，一個失婚的女人，要為家庭、工作奔波，那種孤獨無助，內心的煎熬，和經濟的壓力，非當事者是無法能理解她內心的痛楚，不論男大於女或女大於男，能找到一個可以互相照顧、真心相愛、相挺的伴侶，是多麼不容易的事，**這都是老天所賜予最珍貴的禮物**，我們應該給予最深的祝福。

【兩人世界，干卿何事】

不是常說愛情「年齡不是問題，身高不是距離」，為什麼男大於女一、二十歲很多人會用羨慕的眼光去稱讚這段感情，而女大於男超過六歲，就會變成笑柄，成為攻擊嘲弄的對象，但仔細想想，男大於女一定是愛情的保證、婚姻的保障嗎？台灣離婚率居高不下，多數的婚姻都是男大於女，據母娘告訴我，目前逐漸進入母系社會，因此女人會接受高等教育，在社會上和職場上，會出現許多女性主管和創業老闆，而且也很懂得穿著打扮，她們有知識、有權勢，和低於實際年齡一、二十歲的外貌，加上人生經歷過磨練，更懂得照顧男性，這些條件都很容易吸引異性的青睞，反觀現在年輕的女性，多數都是父母手中的寶貝，往往造就許多驕縱、任性、不懂事、不能吃苦耐勞的性格，且較難抓住男人的心，愛情不應該以年齡來侷限該找的對象，它是個緣分，是來不來電、合不合得來的問題，俗話說「有緣千里來相會，無緣對面不相逢」，該是你的就是你的，記得，**幸福是掌握在自己手中**，當裡想的對象出現時，一定要緊緊抓住，外人的閒言閒語，與你何干，他們又不能照顧你，又不能給你幸福，理他做啥？

寶媽在電視上言行舉止的表現，給我感覺是難得的少見，進退有禮恭謙，但也風趣不呆板，穿著端莊高雅，不似藝人，倒像一個出自書香世家、家教嚴格的家庭，更難能可貴的是，由談吐間可以看出她的聰明、智慧，和對人生的領悟，這一定是在人生路程上經歷過一番寒風徹骨的人才能說得出的語言，俗語說「水人無水命」，即「紅顏多薄命」，但她的話語中，聽不出怨天尤人的消極感傷，反而充滿著大氣度的包容、力爭上游的衝勁，以及樸實的親和力，從命理上來看，她是賢妻良母型，只可惜婚姻宮有缺陷，在人生路上沒有找到適合她的人，現在好不容易才遇到一個能珍惜她、照顧她的人，就寶媽的成熟度和看透人生酸、甜、苦、辣，她應該非常清楚自己需要什麼樣的人，才能得到快樂和幸福。一般人只能看到表面上的夫妻相處，但無法真正去深入了解這對夫妻是否真的快樂幸福，請各位靜下心來，想想自己的感情生活，你滿意嗎？你的不滿意只是因為年齡差距問題嗎？一個人的年齡大小和他的思想成熟度是不會成正比的，不管男女，婚後都必須不斷的成長，若只停留在少男少女時的成熟度，那麼即使你的年齡隨著時光運轉而增長，但是你的EQ、思想觀念、面對人生的態度，只會依然停留在當時年輕的你。據悉曾寶儀是支持寶媽的，這是她的貼心和孝心，但也是為人子女聰明之處，因為照顧年老父母是子女應盡的義務，只是目前的社會，子女都有自己的生活和經濟上的壓力，要分身、分心來照顧他們，恐怕對子女是很大的煎熬和壓力，若老人家有個年輕的伴侶，能代替子女來照顧，是多麼需要感恩的一件事。

【不斷成長改進，才能有好的婚姻感情】

在演藝界，較為眾人所知的兩對例子，曹啟泰和夏玲玲差十三歲，龍君兒和她男友差十四歲，但目前他們都過著不錯的婚姻生活已經20多年了，記得當初大家都不看好這兩段感情，抱著看戲的心情等著分手的消息，然而事實證明，只要有真愛，有成熟的思想，和面對人生積極正面的樂觀心態，都可以互相鼓勵，度過人生起起伏伏的波折，當然女大於男也有維持不下去失敗的婚姻和感情，總括一句話，男女相處，相愛相戀是否能白頭偕老、幸福美滿，和年齡是沒有關係的，而是必須擁有成熟度、包容力、積極上進的人生觀，才能造就真正的幸福美滿。

【莫把神明當奴才】

很多宗教都有各自的善男信女，不論廟宇、宮壇、教堂、道場……等等，皆有信徒信眾虔誠祈求、拜拜、禱告，而對神明所要求的大多無非是求名求利，想要升官發財、事業亨通、考試順利、婚姻幸福、子女孝順、家庭美滿、姻緣浮現、小人退散、貴人出現等等，若真能如願，則暗自欣喜，所求未得，則怪神明不靈驗，沒有庇佑。

某日眾神們參加聚會，來自世界各地、四面八方的神明齊聚一堂，互相問好，會場內熱鬧非凡，此時關聖帝君提議，大家在人間為眾生服務這麼久了，一定遇過許多好笑又無奈的事情，不如在這邊拿出來分享，一起討論，於是關聖帝君就先說起了一個故事。

【騎著赤兔馬也追不上】

曾有一位老婦人到關聖帝君廟，虔誠跪求：「恩主公，我的孫子剛考上機車駕照，吵著要買摩托車，我也買了，所以拜託祢給我一個護身符，保佑他騎車平安。」老婦人恭恭敬敬說完後，接著擲筊得到聖杯，再次拜謝關聖帝君，高高興興請了一個護身符回家。

她告訴孫兒：「阿嬤今天特地到關聖帝君廟請了一個護身符，保佑你騎車平安。」說著就把護身符掛在孫兒身上，孫兒也很開心：「謝謝阿嬤，有了恩主公的保佑，我可以放心大膽的騎車了，現在我要騎著這台新車出去逛逛了。」

孫兒興奮的發動摩托車，一溜煙消失在馬路盡頭，也不知道過了多久，客廳裡的阿嬤看著電視，不知不覺打了個盹，醒來後發現已經晚餐時間，怎麼孫兒還沒回來，時間分分秒秒過去，阿嬤開始有些緊張，可是又想到孫兒可是戴著關聖帝君的護身符，應該不會有事情，只是老覺得心中不安。

此時電話突然響起，電話那頭傳來壞消息，孫兒因為車速過快，不慎撞上安全島，目前正在醫院急診室中。

阿嬤聽到後趕緊到醫院，看到寶貝孫兒右腳打上石膏，手臂全是擦傷，痛苦的在病床上哇哇大叫，看得阿嬤好是心疼，有些生氣的說：「你怎麼這麼不小心呢？」

孫兒無奈的說：「我有關聖帝君的護身符，所以就大膽的騎，怎麼知道會發生意外。」

阿嬤聽了也覺得有理，於是跑到關聖帝君廟，拿起香一邊拜，一邊怪恩主公說：「恩主公啊，祢不是給我聖杯答應賜予護身符，保佑我孫兒騎車平安無事嗎？怎麼可以這麼不靈驗，祢看，我孫兒發生車禍正躺在病床呢！」

故事說完後，關聖帝君看著眾神，停了一下，搖搖頭的說：「她的孫兒騎車飆到時速100，我就算騎著赤兔馬也追不上，怎麼保佑她孫兒呢？」眾神聽完後皆哈哈大笑：「自己不守法，沒有自我檢討，怎麼可以怪罪神明，被罵真是冤枉啊！」

【神仙幫你，卻感謝醫生】

另外一位神仙也分享了一個故事：「我之前也遇過一件讓我啼笑皆非的事。」

曾經有位少婦來寺廟裡求助：「神仙啊，大家都知道祢慈悲為懷，多次顯現神跡，救助過不少人，靈驗無比，我的母親因為病情惡化，目前正在加護病房，危在旦夕。」

少婦眼含淚光，哽咽的繼續說：「今天懇請神仙能大顯神威，救救我的母親脫離險境，拜託，拜託。」少婦奉上鮮花、水果，虔誠恭敬，磕了又拜，許久後才離去。

神仙看了不忍，想要幫助少婦，可是她的母親本該受此劫難，畢竟這是因果輪迴的業力，需在加護病房承受病痛折磨，神仙想了又想，念在少婦一心虔誠，決定幫助她的母親及早脫離險境，於是命座下仙子前去護持，隨侍在側。

病房裡，少婦守著病弱的母親，雙手合十，虔誠禱告，奉命前來的仙子，立刻開始替她的母親加持治療，幫助氣血通暢，改善病情，仙子遵照神仙的指示，一點也不敢怠慢，沒日沒夜不停細心照顧，過了一個星期，她的母親病況果然改善許多，轉到一般病房休養，仙子仍持續替其母親調養，讓體力逐漸恢復，這段時間，仙子日夜操勞，非常辛苦，但是看到病人在自己的照顧下，逐漸恢復，甚感欣慰。

現在少婦的母親已經可以開始說話，原本虛弱渙散的眼神，開始聚焦，少婦心中的大石頭總算放下，為了表示感謝，少婦買了許多甜點、美食分送給醫生、護士，感激這段時間醫護人員的努力，以及不放棄的治療，讓母親脫離險境，大恩大德，難以言喻。

一旁的仙子見狀，真是又好笑又好氣，將此事稟告神仙：「怎麼努力的是我，救她的是我，我辛勤的照顧她，可是她連一句感謝的話都沒有？如果只靠醫生、護士，她的母親一定還在加護病房，怎麼可能好得那麼快。」

神仙聽完後一笑置之，什麼也沒說，之後那婦人再也沒來過，或許她永遠不知道，**真正救她母親的不是醫生、護士，而是座下善良付出的仙子**。

故事說完，眾神們面面相覷，直說：「世人愚昧啊，只知祈求禱告，把神明當奴才，隨意使喚，卻不懂感恩回報，大神仙啊，真是難為祢了。」

【自己不認真，神仙也無奈】

一旁的神仙站了起來說：「我這裡也有一個故事和大家分享。」

過去有位母親，為了讓孩子考上理想大學，花費龐大的補習費，只盼望子成龍，將來可以出人頭地，如今大考將至，母親來到神仙面前，恭敬的燃香跪拜：「大神仙啊，聽聞祢的文昌燈特別靈驗有效，我花了一千塊點了一盞，請祢一定要保佑我的孩子順利考上大學名校。」說完後，母親三拜離去。

大考完後，放榜的日期漸漸到來，因為點了文昌燈，母親一直很有信心，她相信神仙一定會幫助孩子金榜題名，只是當收到成績單後，孩子只考上一般普通大學，花費這麼多年的心力，居然是這個結果，母親非常失望的到神仙面前：「大神仙啊，我不是點了文昌燈，怎麼我的孩子考得這麼糟糕，是不是祢沒有好好幫助我的孩子啊？」

神仙講完這個故事後，淡淡的說：「世人祈求，**如願者，鮮少回來答謝，未如願，則回來怪罪**，不是我不幫她的孩子，那孩子本身不夠用功，資質中等，沒考上理想大學，我也無可奈何，文昌燈只是幫助他考運加分，最重要的還是自己必須好好用功。」

神仙搔搔頭又說：「只是我不懂，母親可以為了孩子花費幾十萬的補習費，沒考好不去怪老師，來我這只花了一千塊錢點文昌燈，就把一切責任丟給我，考不好就怪罪我，真是怪哉。」

眾神聽完後都說：「世間人的心態實是難以理解。」

聚會最後，耶穌站起來哈哈大笑的告訴大家：「我們的教條比祢們都好，沒有供養、感恩答謝的煩惱，凡是教徒，**每月需捐出收入的十分之一**，他們在月初就會把這筆錢列入開銷的一部分，每天禱告和我們溝通，星期日則要來教堂做禮拜，懺悔、請求、答謝，該做的，他們都做到了。」

聽完神仙們這些故事，我感同身受，心有戚戚焉，我服務眾生的熱情也曾被打敗，常常接到請求的電話，我都熱心幫助對方，替他懇求神明立即過去幫忙，如某人來電：「我媽媽在台大醫院急診室，沒有病房，請妳趕快求菩薩，幫我找到貴人安排病房。」我急急忙忙放下手邊工作，跪在菩薩面前替他懇求，之後他沒有任何音訊，我卻為這事掛心好幾天，不知結果如何，隔了甚久，遇見他問到此事，他居然頓了很久，才告訴我有安排到病房，問他當時為何不告知，讓我放心，他毫不在意的告訴我當時太忙忘記了，我心想，把我當奴才也就罷了，但怎能這麼隨便，也把神明當奴才使喚，對神明如此不恭敬，往後，神明還會幫你嗎？諸如此類，不勝枚舉，讓我的心好寒。

人投胎到凡間，就帶著業力，命運隨著前世因果安排，自有定數得到好命、歹命，自己的業力，由自己承擔，而不是神明幫你承擔，對神明恭敬有誠心，虔誠的供養，自然會得到神的眷顧，但你要付出七分的努力，神則賜予三分的助力，但神不會幫助為非作歹、不守法律的人。如果你把神當自己的父母一樣關心，神也會把你當自己的孩子一樣照顧，心中時時刻刻有神，神自然隨時在你心中照應，心中無神，臨時抱佛腳，神自然不在你心中，千萬不要有求時才來找神，無求時把神晾在一邊，平時就該固定時間到宮廟、道場、教堂敬拜神明，結下善緣，才不會有事時，得不到神的幫助。

第五篇 江老師部落格精選文章

摘自鳳微閣部落格。

我從鳳微閣部落格上挑選幾篇曾經發表過的時事預測文章與大家分享，並且把事件的發生結果寫在「後記」裡。

【吳敦義、朱立倫，馬英九的好幫手嗎？】

日前閣揆劉兆玄請辭下台後，總統府宣布，國民黨副主席吳敦義將出任閣揆，桃園縣長朱立倫則擔任副手。九月十日，兩人於總統府宣誓就職，一上任的兩人，就有忙不完的事情要做，在這次內閣改組當中，有近三分之一的部會首長換血，是否能交出漂亮成績單，備受外界注目。

朱立倫人緣佳，惜無副閣揆命格

朱立倫乃苦讀出身，肯幹、有拼勁，能有今天的成就，自然工作起來非常賣力，處理事情的態度是柔中帶剛，剛中帶狠，擁有果決的判斷力，及不畏權勢的精神，該衝就衝，該殺就殺，絕不拖泥帶水，而在做人處世上，也面面俱到，極具親和力，所以很得人緣，身旁的同事、朋友們，都很喜歡他，只是每天堆滿笑臉的他，其實心中也有許多壓力和不滿，這些苦楚，只能在回到家後宣洩，往往家人就是他的垃圾桶，要幫他承擔許多從外面帶回來的情緒和苦水。

面相上，朱立倫雙頰骨格不夠突出，且頸下虛弱無力，想要撐起大局，實在有些困難，加上明年運勢有逐漸下滑的趨勢，因此在仕途上，暗藏洶湧，危機四伏，將會遇到許多風波及困難，另外在命格方面，朱立倫為**中上格局**，**若是地方政府首長**，**則可平穩擔任**，如今進入內閣，位居行政院副院長，其實已違背命格，對他來說，實在不是一件好事，雖然目前的民調很高，但能不能保住官位，穩穩做完任期，還需多費苦心，小心謹慎，運用他多年來累積的智慧為民服務，才可不失社會大眾對他的期望。

吳敦義能力強，有仇必報

吳敦義是個非常愛家且顧家的好男人，與老婆夫唱婦隨，完全沒有作假，雙方情感非常濃厚，因此對他的政治路途，全家人都是力挺到底，全力支持。私底下吳敦義也是一個感性的人，可以在他身上看到鐵漢柔情的一面，與他深交的朋友，常能被他細膩的情感，以及情義相挺的個性而感動，只是在脾氣上，除了比較硬，像顆臭石頭外，基本上是個很好的家人、朋友。若是與其共事，則要有老二心態，凡事要以他為中心，馬首是瞻，千萬別搶其鋒頭，或是與他爭論，否則絕對會吃力不討好，因為吳敦義有仇必報，今天你與他的恩怨結大了，明天他就會一層層的挖出來，好好算個清楚，只要他的能力還在，得罪他的人，日子一定會很難過。

工作方面，吳敦義可以算是個人才，面對問題時，心思縝密，老謀深算，為完成任務，可以和對手持續周旋，絕不輕言認輸，所以執行能力很強，而行政事務上，也是不可多得的人才，當行政院長非常適合，只是處理事情時，總是公事公辦，就事論事，幾乎沒有商量的餘地，更別說是走後門了，因此很容易得罪他人，遭來許多不必要的麻煩及攻擊。明年在工作運勢上，同樣也是呈現下滑的趨勢，要面對的難關跟意外事件，也是接踵而來，所以在面臨問題時，一定要更加的深思熟慮，小心處理，只要稍有不甚，很容易換來媒體的撻伐，以及引起民怨的沸騰，另外也建議他身段要放柔軟些，不要太過於剛硬，盡量避免在無意間得罪他人，為自己豎立敵人，如此從政之路才能走得更順遂。

更上層樓要看老天的臉

這次新任的行政院長吳敦義，以及副院長朱立倫，都是身負重責大任，背著眾人的期許，不但要為馬政府改頭換面，更要為人民創造新的希望，基本上兩人的能力都不錯，各有優缺點，也能互相填補不足，如今的磨練，將會是往後接棒的跳板，只是未來到底誰可以脫穎而出，成為接班人？依照雙方的命格來看，其實機會都不大，想要更上一層樓，都必須再加把勁，既使真的坐上大位，也會是個多事之秋，困難絕對不會亞於現在，所以建議吳敦義跟朱立倫，要把焦點放在眼前，先安定民心才是重點，只要在任內可以為民眾造福，便是功德無量，未來的政治前途，老天自然會有定奪。

江嘉葉　西元二〇〇九年九月二十二日

後記

這是二〇〇九年的預測，朱立倫當時被各界看好成為總統接班人，惜隔年因當時局勢，朱立倫奉命代表國民黨競選台北縣縣長，對抗聲望極高的民進黨候選人蔡英文，雖不負眾望順利當選縣長，穩定國民黨的政局，功不可沒，然也因此離開中央核心，成為地方官，想要再爭取大位的機會，會越來越難，也順應了他的格局。

【富士康跳跳跳，郭台銘亡妻復仇計】

鴻海旗下位於深圳的富士康廠，已連續發生十二起員工跳樓自殺事件，董事長郭台銘為此更是兩地奔波，並邀請媒體入內參觀，告知各界內部的福利設施及員工福利等等，就是要澄清外界對於富士康是血汗工廠的誤解，雖然事發地點並不在台灣，但因鴻海集團是台灣科技業的指標廠商，台灣媒體亦高度關注此事的後續發展。然而第一起墜樓事件的員工家屬，於六月三日接受CNN訪問時訴說，跳樓事件並不單純，年僅十九歲的小孩不可能自殺，且屍體出現怪異傷痕，懷疑死因並不單純，更為這起連續跳樓案件增添許多想像空間。

員工福利好，自殺卻不斷

郭台銘為了終止富士康跳樓事件，已經佈下天羅地網，甚至於嚴格規定員工宿舍內的窗戶要鎖死，阻止一切可能再發生的機會，跳樓案件因此得以平息，但馬上又發生了一場小火災，以及員工猝死等狀況，搞得郭董灰頭土臉，讓稍微放鬆的心情，馬上緊繃，不知接下來還會出什麼意外。雖然外界一直批評富士康是血汗工廠，把員工當作機器一樣的操，毫無人性可言，但郭董對於員工的福利，透過媒體可以知道，無論在薪資方面、休閒設施，乃至員工生活照顧上，在大陸都算是屬一屬二，是個令人相當羨慕的工作環境，郭董可以說是盡心盡力給予最好的福利，反觀其他工廠，雖沒有富士康如此良好的福利、設施，但也沒聽說過連續跳樓的狀況，可見另有其他原因，除了一般人認定士氣低迷等因素外，應當還有一股來自無形界的勢力，正悄悄的干擾郭台銘。

亡妻林淑如，死咬郭台銘

之前我在二〇〇八年，寫過一篇〈郭台銘霸業崩盤，只因，不見舊人哭〉，提及林淑如的魂魄曾來找過我，哭訴她的不甘，加上郭董婚後常在媒體上曝光，展現與妻子曾馨瑩之間的恩愛，對女兒妞妞的疼愛，一家三口和樂融融的甜蜜景象不時出現在鏡頭前，更挑起林淑如女士的不滿和怨氣。我曾觀了一下富士康工廠的狀況，發現裡頭有兩隻大魔坐鎮，還有許多鬼魂四處遊蕩，徘徊在廠區，經過進一步的了解，才知道是林淑如請祂們幫忙，用自殺事件來提醒郭台銘，別忘了當初夫妻共同打拼的革命情感，更不要只見新人笑，不見舊人哭，否則林淑如女士仍會用各種不同的方式警告郭董，**繼續不是謠傳的抓交替，而是林淑如的復仇計**。

江嘉葉 西元二〇一〇年六月四日

郭台銘霸業崩盤，只因，不見舊人哭

還記得數年前，郭台銘因前妻林淑如往生，痛哭失聲、傷心欲絕，今年則風光迎娶愛妻曾馨瑩，拍下甜蜜的婚紗照，令外界不得不嘆，只見新人笑，不見舊人哭。

林淑如的魂魄曾來找過我，哭訴她的不甘，當初一同努力創下的鴻海集團，如今董事長夫人的位置卻要拱手讓給另一個女人，雖然她體恤郭董需要人照顧，允許他有老伴，但絕不能讓人取代她的位置，否則一定會尋求報復。

目前股災蔓延，電子業一片慘綠，而鴻海因擴充、併購等問題，正面臨資產縮水，加上全球不景氣，公司的根本已動搖，雖然這是許多電子業的危機，然而鴻海正面臨一步步走入深淵，若掉入谷底，造成鴻海崩盤，就是林淑如的臨門一腳。

一個大企業的崩盤，會造成社會動盪，誠懇的希望郭董能跟前妻林淑如好好溝通，取得她的諒解，以免造成終身遺憾。有人會懷疑林淑如的魂魄為何會來找我，這是很玄的事，菩薩教我的法術中，有一種就是能跟亡魂溝通，如果想了解更多，請看我的著作《通靈人的通靈路》。

江嘉葉　西元二〇〇八年十一月二十四日

郭台銘的愛情魔咒

鴻海集團董事長郭台銘於五月五日偕女友曾馨瑩，前往成都大熊貓繁育研究基地，大方讓大陸媒體拍攝與女友曾馨瑩抱大熊貓的鏡頭，不再避諱新戀情。並告知媒體，和曾馨瑩的戀情「是往有結局的方向發展」。

就如郭台銘這樣一個成功的企業家，依然也會有寂寞難耐的時候，從先前的關之琳、劉嘉玲、林志玲，一直到現在的曾馨瑩，我們當然希望郭董這次能夠真正找到情場的第二春，但是也提醒他，別忘了當初與他一同努力的元配，記得去詢問夫人是否同意，以示尊重，如此再來談婚事也不遲，否則……。

江嘉葉　西元二〇〇八年五月十四日

郭台銘情牽劉嘉玲

亡妻魂魄　不滿下咒語

身為台灣首富的郭台銘，這陣子可真是媒體的當紅炸子雞，炙手可熱的新聞，博得各大版面競相報導。女主角劉嘉玲，頻頻與郭台銘出現在公眾場合，更同時現身在連勝文的婚禮上，雖然嘴裡說是友情，但也不難想像，兩人交情匪淺。

還記得前年，郭台銘喪失愛妻林淑如，捶心捶肺，心痛難忍的那一段往事嗎？早在鴻海集團草創時期，林淑如也曾親自下廚，為員工張羅伙食，甚至跑過三點半，對於這樣的一位好妻子，郭台銘不禁悲憤吶喊：「上帝太不公平了！」吃了這麼多年的苦，好不容易可以享點清福，然而空有數百億財產的鴻海帝國，卻不能換回妻子的健康。

前幾天我在接受記者採訪，問及郭台銘及劉嘉玲的戀情時，感應到亡妻林淑如的魂魄，忿忿不平發出怨念，她說她很體諒郭台銘獨自一人，需要有個伴侶照顧，但絕不允許明媒正娶，完成婚姻，倘若此事發生，一定讓女方遭受災難，這強烈的氣勢，當場令我不寒而慄。

其實這一路走來，林淑如絕對會是郭台銘這一生中，最重要的女人，不只是事業上的協助，以及對家庭的照顧，都讓郭台銘無後顧之憂，然而隨著時間的過去，在郭台銘的心中，是否已經撫平傷痕，忘掉這段傷痛？我的建議，為了尊重林淑如，應至墳前詢問亡妻的意見，或到宮廟調魂魄，進行溝通，以免波及無辜。

江嘉葉　西元二〇〇七年一月二十八日

後記

鴻海股價曾經高達300多元，如今在80元左右徘徊，為了拓展事業版圖，郭董很努力，到處投資，號稱旗下擁有百萬名員工，過去利多消息不斷，股價仍無法回升，經營上也遇到種種不順，多年前，我就告訴眾多友人，鴻海股價會跌到100以下，當時皆無人相信，其實國人對鴻海的期望很大，我也衷心希望它的股價能往上飆升，但人算不如天算，希望郭董能好好的慰藉亡妻魂魄。

【加油吧，曉鈴！】

民國九十五年十一月十八日，邵曉鈴隨同丈夫台中市長胡志強先生，南下為高雄市長參選人黃俊英輔選，回程時發生重大車禍，此事隨即登上各大媒體的頭條新聞，也引來各界人士的關心、慰問，邵曉鈴的病情究竟如何？復原的機率有多大？

命不該絕，劫難難逃

以面相上看來，**邵曉鈴的福報很大**，**絕非短命**，本身也是個虔誠佛教徒，這一路走來，在感情及婚姻上都很美滿，可惜中年運勢起伏較大，加上今年犯煞，或許是消災功德做得不夠，才導致煞氣一來，即被剋住，凡人的身軀，在猛烈撞擊之下，差點命喪黃泉。

與死神拔河，全國加持

如今的邵曉鈴，已是魂飛魄散，雖氣息猶存，卻命在旦夕，奉勸消災的功德要多做，以補強運勢。慶幸的是，消息一傳開，全國人民便為她祈福、禱告，形成一股強而有力的能量保護著她，使得鬼差無法將其魂魄帶走，所以目前仍處於昏迷時期。

消災辦法會，病情有幫助

邵曉鈴的昏迷時間並不會太長，大約會持續兩個月左右的時間，對生命並沒有任何威脅，只是這段時間復原的速度相當緩慢，還請關心邵曉鈴的同胞們多點耐心。目前當務之急，除了親人的關心，及良好的醫療團隊外，還需要道行高深的法師、道士為其舉行招魂儀式、多辦幾場大型的消災法會、佈施，及發大願請神佛作主，對於病情均有一定的幫助，如果功德足夠，復原的進度會加快。明年初，邵曉鈴本身的運勢將增強，病情可望好轉，我們也祝福她，曉鈴，加油！

江嘉葉 西元二〇〇六年十二月六日

【許瑋倫，魂飛魄散，一路好走嗎？】

一月二十七日星期六，得知許瑋倫發生重大車禍後，我的助理立即前來詢問三太子，祂一查究竟說，狀況非常不樂觀，魂魄支離破碎，四處飛散，氣若游絲，**存活機率相當低**，即使是保住性命，也可能成為植物人。

鬼門關前，生死拉拔

第二天，傍晚五點半左右，X果日報的記者，來採訪有關許瑋倫的傷勢，並和邵曉鈴做比較，我當時即說許瑋倫的情況很糟，雖然都是車禍，**但是許瑋倫的魂魄已被冤親債主帶走，而邵曉鈴當時的魂魄，只是飄盪在車禍現場四周，並未離去**，七點左右，我發現我已經感覺不到許瑋倫的氣，立刻打電話給記者，告知她，瑋倫的生命情況非常危險，沒想到八點多，就聽到電視上傳來惡耗，令人扼腕、不捨。

冤親債主，上門討債

許瑋倫的家境富裕，可惜功德不夠，一旦發生重大事故，自然得不到神佛的庇佑，這就是**平時不燒香，臨時報佛腳**，雖然許瑋倫很上進、很認真，卻不能避免冤親債主的擾亂，一再的阻礙，導致工作、情感的不順遂，也未去求神佛作主，辦理解冤法會，加上目前工作勞累，氣虛體弱，所以事件一發生後，魂魄隨即被冤親債主帶走。

解冤法會，不只誦經，更要談判

無論超度法會，或是解冤法會，誦經固然重要，但是和冤親債主談判，才是最主要的一環，我們必須了解另外一個空間的祂，需求是什麼，車子、房子、錢財，還是經典迴向，在達成協議，完成祂的要求後，即可請神佛作主，讓冤親債主離開，當事者也能確保平安，不再受阻擾。

氣質美女，游離空間中

許瑋倫這次車禍後，在該處辦理的招魂儀式，並不完整，因為魂魄早已被冤親債主帶離事發現場，倘若無法招回魂魄，將永遠飄盪在另外一個空間之中，相當可憐，就算等待輪迴，都很困難，很多孤魂野鬼，都是因為超度不完整所造成的。

江嘉葉 西元二〇〇七年二月一日

後記

正如我所預測的，邵曉鈴逐漸恢復健康，現在也可參加一些公開活動，許瑋倫則非常可惜，離開人世，我們平常就要多結善緣、佛緣、神緣，臨時抱佛腳絕對幫不了大忙，平時的誠心供養，就是你將來在有災難時，最好的福報回饋。

【陳凱倫、陳銳前世夫妻仇，今生父子債】

藝人陳凱倫一直保持良好的社會形象，也經常從事各種社會公益活動，不過近日其獨子陳銳，因涉入校園黑幫簽賭案而引起各界關注，連總統馬英九都表示惋惜，另外包括吳敦、朱延平都舉手歡迎，願意提供陳銳管道，拉拔他進演藝圈，藝人陳楚河、小S等，也希望能給他一個浪子回頭的機會，然此事件也帶出陳凱倫一家的種種辛酸，以及養子不教誰之過等種種議題，儼然已成為家庭教育的不良範本，可是形象如此完美又熱心公益的陳凱倫，對孩子怎麼會有教育上的問題？其實這都是前世的一段債務要還。

陳凱倫前世為妻不守婦道

在前世，陳凱倫與陳銳為一對夫婦，陳銳為丈夫，陳凱倫為妻子，兩人有一女兒（如今陳凱倫的妻子），三人的關係並不美滿，丈夫脾氣暴躁，蠻橫不講理，每每在外頭受氣後，回家便將妻女視為發洩對象，總是惡言相向，致使妻女都非常怕他，夫妻間的愛也蕩然無存，整個家籠罩在一片緊張的陰影中。長期受到壓力的妻子，其實在外面早有男人，只要丈夫出門，她就會去找情夫，偷來暗去早已行之有年，每日夜裡，總想著如何逃離這個家，和外面的男人私奔，可惜還沒行動前，這傷風敗俗的事被發現了，氣得丈夫因此而中風，仍存有孝心的女兒，趕緊規勸母親回頭是岸，一起好好照顧父親，不要離棄這個家，無奈女兒怎麼勸說，母親還是拋夫棄子，遠走他鄉。從此之後，這個女孩就要負起照顧父親及生活的經濟壓力，最後女孩仍是無法承受這一切，於是選擇以自殺的方式來表示自己對母親的憎恨，誓要母親償還這些痛苦，父親在無人照顧之下，只能自生自滅，到往生時，連個安身之地都沒有，這股恨意，也深深植入丈夫的心中，同樣也要在來生向妻子討個公道，給予無止境的折磨。

前世恩怨，今世承受

到了今生，妻子是如今的陳凱倫，丈夫是陳銳，而女兒則化為陳凱倫的妻子，複雜的三人關係再度展開，有當初父母的養育之恩，還有母親（陳凱倫）拋棄家庭的仇，前世的恩與仇都要在這世做個交代，往後三人的發展，仍會在恩與仇之間打轉，惱人不斷，糾纏不清。這裡就單以陳銳的角度來看，基本上陳銳的氣場不錯，從小也很得父母的疼愛，生活在一片和樂之中，長大後父母感情出現變化，家中氣氛很不愉快，導致陳凱倫將心思放在公益上，忽略了經營家庭，把熱心獻給外面的人，把熱情展現在工作上，這讓失去父親關愛的陳銳，在情感上產生孤單，加上叛逆期，開始追求外面的花花世界，可惜交友不慎，誤入歧途，替父親製造了許多麻煩，讓陳凱倫不斷的操心，父子間也漸行漸遠，造成許多誤解，但命運的枷鎖並沒有放過他們，恩恩怨怨的誤會至今仍是一片混沌，**將來，陳銳依然是父親頭號的頭痛人物**，始終牽絆陳凱倫的人生，這一切煩惱，只能感嘆當初陳凱倫拋夫棄子所種下的因，今生只好默默接受，苦嚐勞心勞力的結果，但願有一天父子兩人能擺脫命運的捉弄，回到陳銳小時候家庭和樂的景象。

江嘉葉 西元二〇一〇年二月二日

後記

藝人陳凱倫的兒子陳銳因涉搶奪案，最高法院維持二審判決（西元二〇一三年三月六日），以陳銳沒有盡到學生本分，沉迷賭博輸錢，並與同夥搶回賭金，犯後又不斷狡辯，毫無悔悟之心，依「結夥搶奪罪」及原先緩刑的「賭博罪」，一併判處兩年徒刑，全案定讞。這段時間為了陳銳的官司問題，陳凱倫承受莫大壓力，愛子心切的他，花費大筆金錢和心力，請最好的律師為兒子辯護，但仍難以挽回局勢，關於他們之間由前世造成的恩怨情仇，最好能透過化解法會來平息，好好處理，否則未來還是會有許多麻煩事，讓陳凱倫繼續頭痛。

【美國總統之爭，誰能入主白宮】

二〇一二年美國總統大選將於十一月六日進行，世界強權的美國，一直是世人關心的焦點，因為美國總統能夠影響，甚至主導整個世界未來的方向，全球目前經濟蕭條，糧食短缺，局勢動盪不安，未來白宮主人，不僅要面對國內的政治及經濟問題，還有外交政策。候選人分別為現任總統、民主黨的歐巴馬，將繼續尋求連任，以及代表共和黨的羅姆尼，不論是誰拔得頭籌，當選後都要面對一系列內政及外交的難題。

兩人民調伯仲之間

過去歐巴馬執政四年，美國經歷金融海嘯，人民生活困苦，失業率上升，表現平平的歐巴馬，沒有讓選民感到滿意，一度出現政治危機，民眾也對政府感到失望，挽救經濟，讓人民生活穩定，是歐巴馬最重要的課題，同時這也是對手羅姆尼攻擊歐巴馬無法整頓經濟的缺失之一，雖然如此，支持歐巴馬連任的人仍不在少數，許多民調也顯示兩人支持度在伯仲之間，但真正結果只能選後見真章。

歐巴馬具有領袖格局

就命理來看，歐巴馬的氣場發亮，事業發光，擁有領導格局，這不是羅姆尼所能比擬，對手羅姆尼本身氣場混沌，色澤黯淡，亦無領導格局，所以想要成為一國之領袖實為困難，而歐巴馬正值壯年，對於整頓國家的衝勁旺盛，企圖心強，而且運勢上揚，隨之而來的是震撼人心的魅力與演說，可以深植人心，讓選民把寶貴的一票投給歐巴馬，獲得連任的機會。

白宮主人仍是歐巴馬

過去四年雖然表現差強人意，但歐巴馬明年將起大運，仍會是白宮的主人，而身為總統的他，隨著個人運勢上升，也會影響美國的國運，憑著這股氣勢，將會為美國漸漸帶來平穩，以及財政、經濟的上揚，希望歐巴馬連任後能不負重任，以自己的力量來造福百姓。

江嘉葉 西元二〇一二年十一月五日

後記

美國總統大選選舉結果（二〇一二年十一月七日），歐巴馬順利連任當選，歐巴馬得票總數50%，羅姆尼48%，相距甚近，選舉人票數歐巴馬則以332張對上羅姆尼206張，這次選舉受到國際關注，兩人實力相當，過程中雙方支持度不相上下，未到最後開票，實難判斷誰能勝出，但依命理來看，如我所預測，歐巴馬最終贏得勝利，也期望他能好好治理國家，為人民謀取更多的幸福。

【顏寬恆代父出征選立委】

台中市無黨籍立委顏清標，因判刑遞奪公權而遭剝奪立委資格，中選會決定一〇二年一月二十六日進行補選，顏家則派出顏清標的兒子顏寬恆出征，他將披上國民黨的藍色戰袍打這場選戰，不過外界一再認為，顏寬恆應以無黨籍身分參選較能與目前施政低迷的馬政府做為區隔，避免背負太多的包袱導致選情受到影響，但若不代表國民黨參選，勢必會面對其他國民黨推出的候選人，變成自相殘殺的局面，此外民進黨則推出市議員出身的陳世凱，陳世凱受到多位醫界人士的力挺，聲勢浩大，其次則是全民的黨立委候選人余思家。

運勢正旺　當選無疑

日前立委補選抽籤結果，分別為1號顏寬恆，2號余思家，3號陳世凱，一般普遍認為將會是場藍綠的政黨大戰，由1號顏寬恆對決3號陳世凱，這兩人都有深厚的地緣關係，以及強力的政黨支持，鹿死誰手，還有得拼，但就命理而論，顏寬恆具有民意代表格局，接班不成問題，尤其他氣場光亮，運勢正旺，只是這次的選舉過程會很辛苦，雙方將戰況激烈，全力廝殺，需面對種種的攻擊以及波折，目前在外界不看好的情況下，選情告急，日前顏寬恆的妻子一度淚如雨下，懇求鄉親支持，但只要顏寬恆不懈努力，不要放棄，最後終能獲得成功的果實，順利當選進入立法院，這邊也順便提醒顏寬恆先生，立法委員是個重要的職務，攸關人民生計，期望他能不負選民的支持，新手上任，努力學習，多為人民謀取福祉。

江嘉葉 西元二〇一三年一月十五日

後記

選後開票結果，顏寬恆僅以1138票險勝陳世凱，順利當選，如上述我所寫，顏寬恆具有民意代表格局，只要持續努力，不輕言放棄，接班不成問題，其父顏清標也紅著眼眶表示，贏的不多，但贏的是面子以及他二十二年來的付出，能夠將立委的棒子交給兒子，顏清標感到很安慰，期許顏寬恆能不忘鄉親們的支持，好好認真加油，多行善，做好事，用自己的政績來回饋鄉里。

國家圖書館出版品預行編目資料

通靈人之果報輪迴 / 江嘉葉著.
第一版——臺北市：宇河文化 出版；
紅螞蟻圖書發行, 2013.11
面； 公分. ——（靈度空間；15）
ISBN 978-957-659-952-1（平裝）

1.通靈術 2.靈修

296.1 102018614

靈度空間 15

通靈人之果報輪迴

作　　者／江嘉葉
發 行 人／賴秀珍
總 編 輯／何南輝
校　　對／楊安妮、周英嬌、江嘉葉
美術構成／Chris' office
出　　版／宇河文化出版有限公司
發　　行／紅螞蟻圖書有限公司
地　　址／台北市內湖區舊宗路二段121巷19號（紅螞蟻資訊大樓）
網　　站／www.e-redant.com
郵撥帳號／1604621-1 紅螞蟻圖書有限公司
電　　話／(02)2795-3656（代表號）
傳　　真／(02)2795-4100
登 記 證／局版北市業字第1446號
法律顧問／許晏賓律師
印 刷 廠／卡樂彩色製版印刷有限公司
出版日期／2013年 11 月　第一版第一刷

定價 250 元　港幣 83 元

ISBN 978-957-659-952-1　Printed in Taiwan